Les notes. Secrets de fabrication

Éducation et société

Collection dirigée
par Agnès van Zanten

« Éducation et société » est une collection consacrée à la publication d'enquêtes et de travaux de synthèse qui abordent les enjeux sociaux, économiques et politiques de l'éducation scolaire et universitaire. Elle s'adresse à tous ceux, chercheurs, formateurs, étudiants, acteurs du système d'enseignement, qu'intéressent les implications sociales de l'action éducative.

PIERRE MERLE

LES NOTES. SECRETS DE FABRICATION

PRESSES UNIVERSITAIRES DE FRANCE

DU MÊME AUTEUR

La compétence en question. École, insertion, travail (dir.), Presses Universitaires de Rennes, 1993.

La citoyenneté aujourd'hui : extension ou régression ? (dir. avec F. Vatin), Presses Universitaires de Rennes, 1995.

L'évaluation des élèves. Enquête sur le jugement professoral, Paris, PUF, 1996.

La citoyenneté étudiante. Intégration, participation, mobilisation, Paris, PUF, 1997 (avec C. Le Bart).

Sociologie de l'évaluation scolaire, Paris, PUF, « Que Sais-je ? », 1998.

Nouvelles dimensions de la précarité, Rennes, Presses Universitaires de Rennes (dir., en collaboration), 2001.

La démocratisation de l'enseignement, Paris, La Découverte, « Repères », 2002.

Le droit et l'école. De la règle aux pratiques (dir. avec G. Henaff), Presses Universitaires de Rennes, 2003.

L'élève humilié. L'école : un espace de non-droit ?, Paris, PUF, 2005.

Le présent ouvrage est une version très largement remaniée, actualisée et augmentée du titre de l'auteur paru en 1996 aux Presses Universitaires de France.

ISBN 978-2-13-056166-8

Dépôt légal — 1re édition : 2007, août

Sommaire

Deuxième partie

LA NOTATION DANS LE QUOTIDIEN DE LA CLASSE

Troisième partie
LE BACCALAURÉAT : LA FABRICATION DES RÉSULTATS

Introduction

Dans le quotidien de la classe, la notation est une source de tensions. Beaucoup d'élèves ne comprennent pas leurs notes. Certains la contestent. Les parents eux-mêmes ont parfois des doutes. Et les professeurs, une partie d'entre eux en tout cas, ne sont pas forcément les derniers à s'interroger sur la fiabilité de leurs évaluations. Pourtant, le débat n'a pas lieu. La notation reste un sujet tabou. Pourquoi ?

Noter une copie est une opération *a priori* simple pour les professeurs. Ils ont passé avec succès un concours difficile, maîtrisent les difficultés de leur matière et sont très familiarisés avec la notation. La grande majorité attribue plusieurs centaines de notes par an. Qui pourrait être mieux armé qu'eux pour faire face à cette tâche ardue que constitue l'évaluation des élèves ?

À leur façon, les enseignants sont donc des experts. C'est un fait et le début du problème. Les interrogations sur les notes sont vite considérées par les professeurs comme des remises en cause de leurs compétences. Dans un conseil de classe, il est admis par les délégués élèves et parents que la notation ne fait pas l'objet de discussions. C'est une sorte de chasse réservée, un domaine d'expertise où le droit d'expression est généralement réduit à rien.

Juste un exemple. Dans certaines disciplines, pour des raisons d'organisation pédagogique des enseignements, les élèves sont divisés par ordre alphabétique en deux groupes ayant chacun leur professeur. Il est fréquent, dès le premier trimestre, que les moyennes de chaque enseignant soient différentes. L'écart peut être de l'ordre de deux ou trois points. C'est considérable. Si un délégué parent cherche à connaître publiquement les raisons de cette différence en conseil de classe, il obtiendra des réponses alambiquées qui reviennent toutes à la même idée : le programme n'est pas abordé de la même façon par chaque professeur. Pour cette raison, les notes sont différentes. Cependant, au trimestre suivant, l'écart de moyennes entre les deux enseignants est *grosso modo* le même...

Une réponse honnête imposerait de reconnaître l'existence de professeurs plus sévères que d'autres. C'est un secret de Polichinelle. Mais il est hors de question de l'admettre dans un conseil de classe. Ce serait reconnaître des inégalités d'évaluation, remettre en cause le mythe sacré de l'égalité de l'école de la République. Les réponses restent désespérément floues car la question est clairement impertinente : elle touche au pouvoir des professeurs et aux secrets de fabrication de leurs notes. Pour les connaître, il n'existe qu'un moyen : l'enquête.

L'enquête

Pour connaître les secrets de fabrication des notes, il faut prendre le temps d'interroger les professeurs et de les comprendre. La règle est de poser des questions générales pour établir une relation de confiance et des questions précises pour rentrer dans le cœur du sujet. Exemples : « Pensez-vous que les notes mesurent de façon précise la compétence des élèves ? Les copies que vous corrigez, évaluées par un autre professeur, auraient-elles les mêmes notes ? Quels problèmes rencontrez-vous en notant vos copies ? Modifiez-vous votre barème si les notes obtenues sont trop basses ? Pensez-vous que des bonnes notes peuvent inciter les élèves au relâchement ? Pensez-vous que vous pouvez sur-noter ou sous-noter un élève selon son comportement en classe ? Que faites-vous lorsqu'un élève conteste sa note ? Faites-vous remplir une fiche de renseignements à vos élèves en début d'année ? Quelles informations leur demandez-vous ?, etc. » Les questions concernaient la notation pendant l'année et au baccalauréat.

L'approche menée est dite « compréhensive », c'est-à-dire qu'il ne s'agit pas de poser des questions et d'attendre une réponse enregistrée par le magnétophone. Il faut relancer régulièrement l'enquêté sur des réponses éventuellement ambiguës, reformuler des questions qui ont été évincées, demander des précisions sur des pratiques de notation spécifiques. L'entretien est un moment intense où l'enquêteur doit comprendre de l'intérieur les pratiques du professeur enquêté ainsi que ses conceptions de l'enseignement et de l'apprentissage.

Trente-deux professeurs, enseignant dans des filières générales et technologiques, ont été interrogés. Le choix de la répartition des professeurs par grade a été guidé par la nécessité, non de constituer un échantillon représentatif (la population des agrégés interrogés aurait été trop réduite) mais de rechercher une représentation minimum des trois niveaux principaux de grade (enseignants contractuels, certifiés, agrégés). L'âge de ces enseignants est proche de la moyenne d'âge de la population de référence. La représentativité des professeurs interrogés est allée de pair avec une dispersion relativement limitée des âges autour de l'âge moyen conformément à la pyramide des âges du corps enseignant. Cependant, nous avons cherché, auprès de jeunes certifiés stagiaires et d'enseignants plus âgés, à saisir des variations de comportement. Initialement, sur la question de la notation, il nous paraissait important d'interroger des professeurs enseignants des disciplines littéraires et scientifiques. En fait, cette variable n'a pas révélé des pratiques professorales profondément différentes.

Environ la moitié des entretiens a été réalisée dans un lycée d'enseignement général et technique considéré comme « représentatif » lors d'une étude menée par l'inspection générale de l'éducation nationale. Le caractère « moyen » de l'établissement en termes de recrutement social explique le caractère également « moyen », en termes d'âge et de grade, des professeurs en poste dans cet établissement. Toutefois, des entretiens complémentaires ont été menés dans des lycées au recrutement social bourgeois. Enfin, des entretiens ont été menés auprès de membres de jury du baccalauréat qui enseignaient dans des lycées dont les caractéristiques sociales étaient très disparates.

Au moment de l'enquête, j'étais professeur de sciences économiques et sociales en lycée. Cette position statutaire facilita grandement les démarches. Pour les enquêtés, j'étais un collègue partageant des problèmes communs à la profession. Toutefois, une minorité d'enseignants a refusé l'entretien ou s'est limitée à des réponses stéréotypées. Mes questions étaient jugées indécentes, inquisitrices. En reprenant à mon compte des questions familières aux parents et aux élèves, j'étais suspecté de trahir le camp des professeurs. Cependant la majorité des interlocuteurs sollicités a parfaitement joué le jeu. Nous pouvions discuter en quelque sorte entre experts, partager des interrogations communes. Ils ont accepté les questions dérangeantes, ont précisé les difficultés qu'ils rencontraient et les solutions les plus diverses qu'ils avaient trouvées.

Mener une enquête sur la notation n'est pas une idée qui vient par hasard. En tant que professeur de lycée, j'avais été frappé par deux événements qui ont été décisifs. Lors de ma première année d'enseignement, en classe terminale, quatre élèves étaient particulièrement brillants et ont toujours obtenu pendant l'année des notes égales ou supérieures à 15/20. Au baccalauréat, cinq élèves de la classe ont obtenu 16/20. Aux quatre brillants lycéens s'était joint un cinquième élève, Loic C..., des plus moyens. Il n'avait jamais dépassé les 11/20 pendant l'année. C'était étonnant. Ses copies très longues, son style alambiqué et son écriture quasi illisible avaient-elles faussé ma notation ? L'avais-je saqué sans le savoir ?

Un second événement, plus troublant encore, a conforté mon projet d'enquêter sur la notation. Je venais d'être reçu à l'agrégation et j'avais été sollicité par une cousine, élève en terminale sciences économiques et sociales. Elle peinait sur sa dissertation d'économie. Depuis le début de l'année, élève moyenne, elle n'avait jamais dépassé les 10/20. Par chance, son sujet m'était familier. Je l'avais déjà donné à mes élèves et j'avais rédigé, pour eux, un corrigé complet. On passa un accord : elle recopiait consciencieusement mon corrigé et elle me faisait part de sa note. C'était une expérience intéressante. Le résultat fut cruel. Professeur agrégé revêtant les habits d'un élève moyen, j'avais obtenu un modeste 11/20. Aucun commentaire sur la copie n'expliquait ma note. D'autres élèves, dans cette classe, avaient obtenu 14/20, 15/20 et même davantage. C'était même vexant.

Ces deux événements étaient-ils des situations rarissimes ou finalement fréquentes ? Il s'agissait de répondre à une question ordinaire et redoutable : la notation est-elle équitable ?

Société du mérite, société du conflit

Pour répondre aux questions précédentes, un petit détour historique est nécessaire. Depuis la Révolution française, les hiérarchies sociales – celles liées au statut, au pouvoir et aux revenus – ne sont plus fondées sur la naissance mais sur le mérite. La Déclaration des droits de l'homme est dépourvue d'ambiguïté : « Les hommes naissent libres et égaux en droit. » À la limpidité du droit s'oppose la complexité du réel : comment les hommes deviennent-ils inégaux dans les faits ? La question étant véritablement embarrassante, elle fait parfois l'objet de réponse qui rend notre société admirablement harmonieuse. Voici un exemple :

> « Il naît des hommes, il naît des femmes, il naît des filles uniques et des familles de dix enfants, il naît des enfants doués pour les études et d'autres doués pour les travaux manuels. Ce ne sont pas des inégalités de la Nature, ce sont des disparités, des différences neutres par rapport à tout sentiment de justice ou d'injustice » (Valéry Giscard d'Estaing, 1970, cité par Merllié, 1975, 96).

Cette conception naturaliste de l'intelligence ne trouve aucun chercheur en psychologie ou en sociologie pour la défendre. Elle ne trouve pas non plus de partisans parmi les spécialistes des neurosciences. Si le lecteur veut dissiper ses doutes, il peut consulter l'ouvrage passionnant de Dehaene *La bosse des maths* (2003)[1]. Cette conception innéiste de l'intelligence, déjà présente chez les philosophes antiques, est également réfutée par l'histoire. Pour quelles raisons, au début du XIXe siècle, naissaient des hommes massivement « doués » pour les travaux des champs, jugés incapables de la moindre instruction ? Et par quel miracle, au cours du XXe siècle, leurs petits-enfants sont devenus suffisamment « doués » pour apprendre massivement à lire, écrire, compter et bien davantage encore ? Les dons – ces différences de Nature – sont des balivernes puisqu'ils sont indubitablement liés à l'époque. En aucun cas, de surcroît, ces soi-disant différences de Nature sont « neutres » par rapport à tout sentiment de justice puisqu'elles aboutissent notamment à des inégalités substantielles de revenus.

Les discours, tels que ceux de Valéry Giscard d'Estaing, sont surtout préoccupés par la négation des inégalités réelles, variables avec les époques, et qui résultent de l'organisation sociale. Dans les sociétés contemporaines, elles sont partout présentes. Elles sont justifiées, pour l'essentiel, par la diversité des compétences des individus telles qu'elles sont évaluées lors de leur scolarité. Comme il existe beaucoup trop de candidats cherchant à obtenir les meilleures places – celles qui cumulent les honneurs et les fins de mois opulentes – les compétences des élèves font régulièrement l'objet de mesures et les élèves régulièrement l'objet de classement. L'école est une sorte d'immense gare de triage et d'étiquetage des personnes selon leurs compétences. La société du mérite est donc inévitablement une société de la mesure.

Rien n'est plus problématique en effet que d'établir une hiérarchie entre des individus car, au-delà des compétences acquises, ce sont bien les individus qui sont finalement classés. Or, quand il s'agit d'établir une mesure et un classement, tout est source de désaccord : les compétences jugées dignes d'évaluation ; la fréquence des mesures ; les coefficients de chaque discipline ; les formes du contrôle (dissertation ou simples questions ; problèmes ou exercices) ; les types d'interrogations (écrit ou oral), les modalités d'examen (contrôle continu ou épreuves anonymes).

1. Lire aussi le numéro de *La nouvelle revue de l'AIS, L'intelligence en débat,* juin 1999, 6.

Chacune des modalités de mesure de la compétence scolaire fait l'objet d'âpres discussions, notamment lors des modifications de l'organisation du baccalauréat, parce que chaque examinateur sait bien que des modifications apparemment insignifiantes sont susceptibles de changer le nombre de lauréats et même l'ordre du classement... La société du mérite, inévitablement celle de la mesure, est aussi celle du conflit.

La mesure de la compétence et du mérite individuel, dans l'éducation nationale et hors de celle-ci, est l'objet de contestation. Chaque salarié suspecte les procédures d'évaluation de déboucher sur un jugement des personnes plutôt que sur une appréciation impartiale de ses mérites. Massivement, les enseignants accordent d'ailleurs une confiance limitée à la possibilité d'être évaluées d'une façon équitable par le chef d'établissement et leur inspecteur pédagogique régional. Cette attitude n'est-elle pas troublante de la part d'experts en notation ?

Dans tous les corps professionnels, la crainte du favoritisme est présente. Beaucoup considèrent que le copinage et le contrôle idéologique empêchent la véritable mesure des compétences individuelles. Pour autant que le principe de la mesure des compétences est acceptée, personne n'est d'accord sur les modalités à mettre en œuvre.

La contestation de la mesure des compétences favorise la remise en cause de la compétence elle-même. La notion de connaissances scolaires évaluées par l'école est ainsi de plus en plus concurrencée par l'expérience acquise par les individus dans le cadre de leur activité professionnelle. La loi du 17 janvier 2002 instituant la validation des acquis de l'expérience (VAE) bouleverse la notion habituelle de compétences (Morvan, 2006). Obtenu par transformation d'une expérience, le diplôme n'est plus automatiquement lié à un niveau de formation. Un monde nouveau de passerelles s'est donc établi concurrençant la fabrication des hiérarchies scolaires et s'imbriquant dans elles.

La validation des acquis de l'expérience a son histoire propre créant des équivalences négociées entre tel ou tel type de compétences professionnelles et un niveau de formation universitaire. Comme il s'agit d'une transformation récente de notre organisation sociale, la construction des équivalences apparaît clairement à l'esprit : ce qui ne valait rien vaut aujourd'hui quelque chose par la magie de la loi. La validation des acquis de l'expérience a provoqué un processus de fabrication de nouvelles valeurs scolaires en transformant de l'expérience professionnelle en diplôme *via* un certain nombre de règles et de jurisprudences. Dans l'institution scolaire, les modalités de fabrication de la compétence sont anciennes et ont fini par s'imposer comme allant de soi. Le but de cet ouvrage est de les dévoiler.

L'ouvrage

La note scolaire résulte d'une fabrication. La première étape de cette fabrication est la moins perceptible et la plus étrangère à nos perceptions immédiates du monde scolaire. Elle se réalise pendant la première heure de cours. Généralement, les enseignants font remplir à leurs élèves une fiche de renseignements contenant un certain nombre d'informations relatives notamment à leur histoire scolaire et leur identité sociale (profession des parents, âge, nombre de frères et sœurs, etc.). Les informations contenues dans la fiche de renseignements contribuent à la fabrication de la note. L'enseignant qui fait remplir une fiche de renseignements à ses élèves se met, tout compte fait, dans une situation comparable à l'expert d'un cabinet de recrutement qui souhaite disposer d'un CV des candidats. On sait que les noms à consonance étrangère sont susceptibles d'écarter des candidatures. Pour un poste de direction, à diplôme équivalent, peut-être vaut-il mieux, aussi, être un homme plutôt qu'une femme ; être né à Neuilly plutôt qu'à Brives-la-Gaillarde ?

Qu'en est-il à l'école ? Les filles sont-elles avantagées par rapport aux garçons ? Ou bien le genre n'exerce-t-il aucune influence sur la notation des professeurs ? Les enfants d'étrangers sont-ils notés comme les autres ? Les enfants de bonne famille ne sont-ils pas mieux notés que les enfants d'ouvriers à compétence égale ? Toutes ces questions peuvent paraître incongrues, malvenues, malveillantes même. En fait, elles sont tout à fait légitimes. Elles sont refusées quand les certitudes sont absolues et la connaissance des résultats de la recherche peu connus.

La notation des devoirs dans le quotidien de la classe ne résulte pas de l'application automatique d'un barème de correction. La réalité concrète de l'évaluation d'une copie est plus complexe. Il s'agit d'une activité technique, exigeant des compétences d'expert où il faut savoir apprécier des réponses ni tout à fait fausses ni tout à fait bonnes. La notation est aussi une activité sociale liée à l'apprentissage. L'enseignant ne note pas seulement un devoir, il note aussi le travail réalisé par un élève singulier dans une classe donnée. Selon les classes, être sévère ou indulgent peut remettre en cause la motivation des élèves ou l'autorité exercée sur eux. Le professeur n'évalue pas seulement des compétences, il doit aussi préserver des relations pédagogiques. L'évaluation est donc dépendante d'un contexte multiforme dont les effets sont difficiles à démêler. La connaissance personnelle de quelques élèves jugés sympathiques ou antipathiques, les modalités de la participation en classe, la connaissance des parents... constituent un premier groupe de variables susceptibles d'orienter la fabrication de la note. Celle-ci est tributaire aussi d'un contexte plus général formé par les normes de notation propres à chaque discipline et à l'image de marque de l'établissement.

Enfin, le déroulement des épreuves du baccalauréat constitue une forme particulière de fabrication de la compétence scolaire. Aucune étude n'a été entreprise sur la façon dont s'établissent les critères d'évaluation des compétences des lycéens affrontant les épreuves du bac. Le baccalauréat, clé de voûte du système éducatif, premier grade universitaire espéré chaque année par plus de 500 000 lycéens, est quasiment ignoré des chercheurs alors même que s'y déroulent des formes variées et spécifiques de notation. Les commissions d'élaboration des sujets, les commissions d'harmonisation des corrections, les modalités d'organisation des épreuves orales, les délibérations des jurys sont des moments où, littéralement, se fabriquent les notes des candidats.

PREMIÈRE PARTIE

LA FICHE DE RENSEIGNEMENTS SUR L'ÉLÈVE

Chaque milieu social a ses rites. Le recours des professeurs à une fiche de renseignements correspond à une sorte de rituel de présentation scolaire (Goffman, 1974). Pour l'enseignant, comme pour les élèves, il s'agit souvent de ne pas commencer le cours pendant la première heure mais seulement de rentrer en relation. Mais cette présentation est asymétrique : le professeur ne dit rien ou pas grand chose de lui. L'élève, par contre, est incité à livrer des informations personnelles qu'il aurait préféré parfois ne pas dévoiler. L'obligation de cette présentation de soi est en rapport, de façon plus ou moins intense, avec une dimension centrale du projet de l'institution scolaire : l'évaluation des compétences des élèves.

La note : une obligation incontournable du métier d'enseignant

Dans l'institution scolaire française, les professeurs sont dans l'obligation d'évaluer leurs élèves et d'élaborer, pour chacun d'eux, un avis concernant l'éventualité de leur passage dans la classe supérieure. Le devoir sur table, mensuel ou par quinzaine, constitue un standard d'évaluation (Grisay, 1993). Il poursuit généralement deux objectifs indissociables : évaluer un apprentissage et « rendre une note ». Dans le fonctionnement quotidien de l'école, cette contrainte administrative de la note à laquelle les professeurs sont soumis, s'avère d'ailleurs plus impérieuse que la transmission du savoir. La transmission des connaissances fait l'objet de contrôles peu fréquents – les inspections pédagogique sont rares – alors qu'un manquement administratif à l'obligation de noter est aussitôt remarqué, voire réprimé, par l'administration scolaire ! Ces manquements s'expriment par de rares « grèves des notes » et, de façon marginale, par la non-communication à l'administration, et donc aux parents d'élèves, des notes données à la mi-trimestre. De tels manquements peuvent faire l'objet, par l'administration de l'établissement, de remarques désobligeantes auprès des enseignants jugés étourdis ou peu consciencieux : le professeur se doit impérativement d'exercer son rôle évaluateur.

Une écrasante majorité d'enseignants ont recours à une fiche de renseignements. C'est sans doute le caractère très routinier de cette fiche qui l'a soustraite à toute interrogation. Sans doute, le peu d'intérêt qu'elle a suscité tient aussi au fait qu'il s'agit d'une pratique ni publique ni privée. Son usage est habituel et connu de tous les professeurs et de leurs élèves, mais sa pratique est privatisée : la grande majorité des enseignants prépare son modèle de fiche à soi et n'a pas de compte à rendre sur cette pratique comme s'il s'agissait d'un acte totalement privé.

Le nombre des élèves du second degré des établissements publics et privés dépassant actuellement les 5 millions (MEN, 2006, 95), pas moins de 25 millions de fiches – en comptant au minimum cinq fiches par élève – sont remplies par les collégiens et lycéens chaque année. Sur ces millions de fiches individuelles recueillies par les enseignants, il n'existe aucune recherche alors même que les informations contenues dans ces fiches orientent les attentes des enseignants. Savoir, par exemple, qu'un élève a un an d'avance et qu'un autre a deux années de retard favorise des perceptions professorales différenciées des élèves concernés. Ces perceptions constituent une forme de pré-jugement, indissociable de la fabrication de la note.

Les renseignements demandés par les professeurs sont divers. Certains professeurs ne vont pas, par exemple, demander l'âge de leurs élèves ou la profession des parents. Cette diversité n'est pas due au hasard ou à l'humeur d'un jour, mais témoigne de réflexions professorales sur les renseignements utiles ou non à posséder à l'égard de leurs élèves. Au-delà de la diversité des fiches, le recours massif à celles-ci est une donnée structurelle caractéristique du fonctionnement de l'institution éducative. Son apparition est directement liée à une période de système scolaire où émergent les fonctions d'évaluation et d'orientation des élèves.

La fiche de renseignements : une histoire récente

L'historique de ces fiches de renseignements, bien qu'il soit parcellaire, montre que la fiche de renseignements et l'évaluation des élèves sont liés. Ainsi, le recours à ces fiches accompagne les formes de la scolarisation de l'après-guerre. Les enseignants scolarisés dans la première moitié du XXe siècle n'ont pas le souvenir d'avoir connu ce genre de fiches lorsqu'ils étaient élèves. Depuis 1945, la progressive fusion des publics scolaires de milieux sociaux auparavant scolarisés dans des filières distinctes est concomitante de l'apparition de l'échec scolaire comme « problème » (Isambert-Jamati, 1985), et de l'émergence de l'orientation scolaire et professionnelle comme nécessité sociale (Danvers, 1988 ; Huteaux et Lautrey, 1979). Parallèlement s'est généralisée la pratique professorale de la fiche de renseignements.

Au début du XXe siècle, lorsque des barrières quasi infranchissables séparaient les enfants du peuple de ceux de la bourgeoisie, une telle fiche n'avait guère d'objet. Chaque élève était identifié par l'école qu'il fréquentait (Briand et Chapoulie, 1992). De même la question de l'orientation scolaire était inexistante. La grande majorité des élèves était scolarisée dans l'école du peuple – la communale – et quittait celle-ci à la fin de leur scolarité obligatoire. La question de l'échec scolaire et celle de l'évaluation n'avaient également qu'un sens limité. Une forte minorité d'élèves quittaient l'école primaire sans son certificat d'études et cette situation n'était pas considérée comme un problème social, tout particulièrement parce que le parcours scolaire et les modes d'insertion sociale étaient relativement distendus. Le destin scolaire de chaque élève était grandement fixé par son origine sociale et la notation n'engageait guère son avenir. À côté des enfants du peuple scolarisés dans la communale gratuite, les enfants de notables étaient inscrits, dès le début de leur scolarité, dans une école élémentaire payante et particulière « le petit lycée », situé à l'intérieur même du lycée qui constituait leur avenir scolaire normal. La scolarité en lycée était également payante et la véritable sélection avait lieu seulement au moment du baccalauréat qui permettait l'accès aux emplois supérieurs.

Lorsque les barrières entre les écoles du peuple et des notables se sont estompées, timidement au cours de la première partie du XXe siècle et bien davantage après la guerre avec notamment la création du collège unique en 1975, les élèves se sont trouvés pour une part socialement mélangés bien que de façon encore limitée. Dès lors, les professeurs ont été confrontés à des problèmes relativement nouveaux : évaluer une masse de plus en plus considérable d'élèves et orienter ceux-ci. C'est à cette époque qu'émerge une responsabilité lourde et nouvelle de l'enseignant : réaliser une évaluation qui va fonder l'orientation de leurs élèves. L'histoire de cette fiche de renseignements, bien que fragmentaire, indique la place qu'elle occupe dans les obligations professionnelles des professeurs.

Les informations que les enseignants demandent à leurs élèves sont diverses. Il est nécessaire d'appréhender cette diversité des pratiques. Elle exprime la multiplicité des attentes des enseignants lorsqu'ils décident de la rupture de l'anonymat maître-élève et cette connaissance permet de construire des modèles de comportements professoraux. L'élaboration de ces modèles devait concilier deux impératifs : présenter de façon à peu près exhaustive les renseignements demandés par les professeurs à leurs élèves (aucun professeur ne demande effectivement l'ensemble des renseignements présentés dans les pages qui suivent), et rendre compte des logiques qui organisent implicitement ou explicitement les demandes professorales. Le recours à des modèles, permet de faire émerger, à partir de la singularité biographique des discours, des ensembles cohérents d'attitudes et d'opinions professorales.

Trois modèles de fiches de renseignements

Les pratiques des professeurs à l'égard de la fiche de renseignements sont diverses mais permettent de définir trois modèles. Certains enseignants demandent des renseignements essentiellement d'ordre scolaire identiques à ceux recueillis dans le livret scolaire de l'élève. Le livret, tenu par l'administration de l'établissement, est présenté à l'oral du baccalauréat. Une partie des fiches de renseignements sont élaborés sur le modèle du livret scolaire.

D'autres enseignants demandent à leurs élèves des informations sociales et scolaires telles celles réunies dans le dossier scolaire de l'élève. Leurs fiches sont constituées sur le modèle du dossier (adresse de l'élève, nombre de frères et sœurs, profession des parents...). Enfin, quelques professeurs, une petite minorité, ne sollicitent aucune information. Ils font référence à un « modèle de l'élève sans histoire ».

Le fait que les demandes de renseignements des professeurs (modèles du livret et du dossier) puissent s'organiser selon une logique propre aux outils administratifs de connaissance et de suivi de la carrière scolaire de l'élève témoigne de l'usage possible des informations recueillies par les maîtres. Les professeurs se sont en quelque sorte appropriés, sous une forme synthétique et personnelle, des modalités institutionnelles d'aide à la gestion des élèves.

Ces trois modèles n'ont pas été élaborés de la même façon. Le dernier modèle qui caractérise les professeurs qui ne font pas remplir de fiches est un modèle de type réaliste : il rend compte de comportements professoraux effectivement observés. À l'opposé, les deux autres modèles – le modèle du livret et le modèle du dossier – sont essentiellement des « modèles formels » : aucun professeur interrogé ne peut identifier sa pratique effective de la fiche de renseignements à la lecture des développements concernant ces deux modèles. Ceux-ci cherchent à rendre compte de toutes les formes possibles d'identifications scolaires ou extra-scolaires des élèves et elles ne sont jamais présentes, dans leur totalité, chez un seul des professeurs interrogés.

La grande diversité des pratiques, tant par l'abondance variable des informations demandées par les professeurs que par les diverses combinaisons effectives de celles-ci, interdisait une mise en forme réaliste des usages. La majorité des professeurs combinent, dans leur demande, quelques informations d'ordre scolaire et des informations de type extra-scolaire. L'information extra-scolaire la plus demandée, et parfois la seule, est la profession des parents de l'élève.

1

Le modèle du livret scolaire

Petite histoire du livret scolaire

Un grand nombre des fiches de renseignements que les professeurs font remplir par leurs élèves contiennent des informations de même type que celles contenues dans le livret scolaire. Il est donc nécessaire, pour éclairer la signification des informations présentes dans ces fiches, de rappeler rapidement quelques linéaments de l'histoire de ce livret créé à la fin du XIXe siècle.

Le livret scolaire est une des innovations essentielles du décret du 8 août 1890. Piobetta, dans la volumineuse étude qu'il consacre au baccalauréat, indique que le livret était réclamé depuis longtemps par le corps enseignant. Au moment des délibérations du bac, il allait de soi que l'élève devait pouvoir apporter « à ses juges le témoignage de ses maîtres, la constatation de ses succès ou de son travail » (Piobetta, 1937). Avant le décret du 8 août 1890, en l'absence de livret, les membres des jurys du bac, exclusivement membres des facultés, « accueillaient, provoquaient même tous les renseignements de nature à éclairer les jurys sur la valeur des candidats. »

L'apparition de ce livret scolaire est directement liée aux incertitudes relatives à la notation des prestations des candidats au moment du baccalauréat. L'idée qui préside à sa création est que les membres du jury, avant de porter leur jugement tant à l'écrit qu'à l'oral, doivent connaître la valeur scolaire des lycéens qu'ils évaluent. Le principe d'indépendance du jury est en quelque sorte réglementairement tempéré, dès la fin du XIXe siècle, par les jugements antérieurement portés par les maîtres de l'élève.

Un siècle après, la réglementation relative au livret scolaire n'a guère été modifiée et les principes qui fondent son usage sont approximativement restés les mêmes. Le livret scolaire, qui revient à l'élève à la fin de sa scolarité, assure un rôle essentiel dans les procédures d'examination des candidats au baccalauréat. Il en sera question au dernier chapitre de l'ouvrage.

Les informations contenues dans le livret sont d'ordre strictement scolaire : classes redoublées, notes trimestrielles de l'élève dans chaque discipline, appréciations des professeurs sur les qualités scolaires de l'élève et, à la fin de la classe terminale, avis final du conseil de classe quant aux chances de succès du candidat (avis très favorable, favorable, doit faire ses preuves). Dans le livret scolaire, aucune information relative à la situation sociale du candidat n'est disponible (profession des parents, problème de santé, nombre de frères et sœurs, etc.).

Un certain nombre de professeurs élaborent des fiches de renseignements dans lesquelles les informations sollicitées sont *grosso modo* celles contenues dans le livret scolaire. Leur comportement est orienté par une quête du passé et des compétences scolaires de l'élève : âge (« pour situer le retard scolaire »), classes redoublées, première et deuxième langues vivantes, stages linguistiques, projets scolaires et professionnels, notes dans certaines disciplines, notes dans la discipline enseignée par le professeur qui demande le remplissage de la fiche... Certains professeurs demandent aussi, pour leur discipline, le nom du professeur dont l'élève a suivi le cours l'année précédente. Les informations recueillies font l'objet d'une lecture spécifique en rapport avec l'image professionnelle du professeur cité par l'élève. Pour les lycéens scolarisés en classe de seconde, l'établissement dans lequel ils étaient inscrits en 3e leur est souvent demandé en raison de la réputation scolaire très différenciée des collèges.

La caractéristique essentielle de ce type de fiche tient à ce que l'élève est appréhendé à partir de son histoire scolaire et d'un ensemble de compétences disciplinaires qu'il s'agit d'évaluer, très approximativement, dès la première heure de cours. Certains professeurs posent d'ailleurs dans leurs fiches de renseignements quelques questions, voire des exercices, de l'ordre de la compétence scolaire. Tel professeur de langue demandera par exemple à ses élèves de remplir leur fiche dans la langue étrangère étudiée, tel autre professeur demande quelques définitions « élémentaires » dans sa discipline...

Dans un type « pur » du modèle du livret scolaire auquel il est possible de faire correspondre les propos de quelques-uns des professeurs interrogés, l'approche strictement scolaire de l'élève est liée à la non-demande d'informations de type familial et notamment la profession des parents de l'élève. Une telle demande est perçue comme déplacée notamment à l'égard de lycéens de classe terminale quasi-adulte : « Si c'est des terminales, j'ai l'impression de rentrer dans leur vie privée [en demandant la profession des parents], je leur demande de remplir leur fiche eux-mêmes, je leur donne des pistes, mais sans rien imposer : quelle discipline les intéresse le plus, quel DEUG ils comptent faire [...], en seconde et première j'impose » (professeur certifié de sciences naturelles).

Connaissance des notes antérieures de l'élève et évaluation professorale

Lorsque les professeurs de l'échantillon ont été interrogés sur les raisons motivant leurs demandes d'informations auprès des élèves, l'enquêteur a souvent été déçu. Le plus souvent, les professeurs interrogés ont déclaré qu'ils demandaient ces informations « par habitude », « pour savoir », « par pure curiosité », ou bien « ne pas savoir pourquoi ». D'autres indiquaient que, de toute façon, ils ne « regardaient pas ces fiches »... (« J'ai demandé, je ne sais même pas pourquoi d'ailleurs, je ne les ai même pas regardées. Enfin, je les ai lues une fois », professeur certifié de français, deux ans d'ancienneté).

Une partie des professeurs interrogés a toutefois donné quelques indications sur les objectifs poursuivis par cette recherche d'informations sur l'élève. Les raisons avancées éclairent le rapport des professeurs à la notation de leurs élèves et la manière dont ils anticipent leur échec ou leur réussite. La fiche de renseignements contribue à la fabrication de l'excellence scolaire (Perrenoud, 1984) en définissant approximativement des attentes professorales différenciées selon l'histoire scolaire de chaque élève.

Ainsi, dans le modèle du livret scolaire, les professeurs demandent dans les fiches qu'ils font remplir à leurs élèves les notes obtenues antérieurement. Toutes les recherches montrent que la possession d'une telle information favorise des biais de notation, c'est-à-dire des erreurs systématiques d'évaluation du niveau de la copie en raison des attentes positives ou négatives créées par cette information. De même, indiquer à des enseignants que leurs élèves sont de « bons élèves » modifie de façon positive leur jugement et favorise leurs progrès alors même que d'autres élèves de la classe, de même niveau, mais non présentés comme « bons élèves », font l'objet de moins bonnes notes et progressent moins (Rosenthal et Jacobson, 1968).

Dans des recherches de même type, la création d'un faux dossier de « bonnes » notes associé aux copies d'un élève lui apporte un avantage évaluatif lors de corrections ultérieures, et symétriquement un faux dossier de « mauvaises » notes associé aux mêmes écrits produit une sous-notation lors de corrections ultérieures (Caverni, Fabre, Noizet, 1975). Seaver (1973) a mené une expérience tout à fait originale pour montrer l'effet d'un stéréotype négatif ou positif sur l'appréciation des performances des élèves. Cet auteur a suivi la scolarité de 79 paires de frères et sœurs et s'est intéressé aux résultats scolaires obtenus par l'aîné (fille ou garçons) de chaque paire. Ces résultats scolaires permettent de constituer deux groupes d'élèves, des « bons » et des « mauvais » élèves parmi les aînés. Seaver s'est ensuite intéressé aux résultats scolaires des cadets de la famille. Dans ce groupe d'enfants, il distingue une source de variation entre les cadets qui ont eu le même enseignant que leur aîné et ceux qui ont eu un autre enseignant. Seaver constate que lorsque l'enseignant n'est pas le même pour les deux enfants, les résultats de l'aîné n'affectent pas les résultats du cadet. À l'inverse, lorsque les deux enfants d'une même famille ont eu le même enseignant, les cadets qui ont eu la chance d'avoir un aîné « bon élève » réussissent mieux que ceux qui ont la malchance d'avoir un aîné « mauvais élève ». Il existe un effet de contagion de l'appréciation portée sur l'aîné à celle portée sur le cadet.

Ces expériences montrent l'existence d'une certaine adhésion professorale à la stabilité des compétences scolaires d'un élève d'une année sur l'autre, d'un aîné à un cadet. Quelle que soit la discipline enseignée, l'influence du niveau antérieur de l'élève sur son évaluation est d'ailleurs intuitivement perçue par certains professeurs :

> « Moi, je fais des colles en maths sup., les gars s'amènent avec leur livret. Et naturellement, il y a des élèves qui sont bons ou mauvais. Il y a beaucoup d'élèves qui sont pas terribles, qui ont toujours des 9, 10, 11. On a tendance à mettre pareil même s'il a bien marché. Je pense que ça joue, un élève qui n'a que des 9, 10, 11, même si ça vaut 14, on a tendance... On aurait tendance à mettre 12. Je pense que la plupart des collègues subissent cette influence. Par contre, un élève qui a toujours 15, 16, on a tendance à relever sa note. C'est un truc assez dangereux, même malhonnête avec l'élève. J'essaie de faire abstraction de ça, mais c'est pas facile » (professeur agrégé de mathématiques, 55 ans).

De façon plus générale, pour les élèves pour lesquels les attentes professorales, en termes de succès scolaires, sont faibles, le bénéfice du doute leur est effectivement moins souvent accordé quand leurs réponses aux devoirs sont imprécises (Good, 1987). L'ensemble des recherches présentées, et d'autres qui relèvent de la psychologie du jugement scolaire (Noizet et Caverni, 1978), montrent que les professeurs adhèrent à l'idée d'une certaine constance du niveau scolaire des élèves : la stabilité des compétences et des capacités des élèves, qu'elles soient jugées acquises ou innées, expliquerait leurs résultats et leur carrière scolaires.

En ce sens, connaître le cursus antérieur d'un élève constitue, pour le professeur, une information centrale pour comprendre ses difficultés éventuelles : l'insuffisance des acquisitions et des résultats serait inscrite dans une trajectoire marquée par l'échec qui exonère en partie le professeur d'une responsabilité pédagogique étendue ou spécifique. Ce serait, pour reprendre un vocabulaire typiquement scolaire, l'absence de « bases » qui expliquerait pour l'essentiel l'échec. Cette perception professorale est tout à fait pertinente pour les profils scolaires « excellents » ou « très faibles » pour lesquels ce sont bien les connaissances initiales qui déterminent les résultats scolaires de l'année.

Toutefois cette explication enseignante s'avère peu vérifiée pour une majorité d'élèves aux profils scolaires moyens. Pour ceux-ci, leur carrière scolaire est dépendante du niveau moyen de la classe et de l'efficacité du professeur, notamment de ses pratiques de notation. En collège, il a été montré qu'une notation sévère dès le premier trimestre entravait les progressions des élèves. Elle produit un effet de découragement. Inversement une notation plus indulgente produit des effets strictement inverses (Felouzis, 1997). La notation n'est pas seulement la mesure d'une compétence. Elle influence aussi l'investissement dans le travail scolaire *via* la motivation ou la démotivation qu'elle produit.

Effet du statut de redoublant sur l'évaluation professorale

Outre les performances scolaires antérieures, les professeurs cherchent à savoir si l'élève est redoublant ou non. L'image du redoublant est particulièrement négative au point que, dès le début de l'année, avant même de prendre contact nominalement avec les élèves, la connaissance du pourcentage de redoublants dans les classes dont le professeur se voit confier la charge, suscite des réactions désabusées (« ça va être une classe qu'il va falloir traîner »). Ce jugement collectif est lié à un jugement négatif sur chaque élève redoublant, parfois clairement déclaré par les enseignants. « Je suis beaucoup influencé par leur vécu (celui des élèves). Par exemple, des élèves qui ont redoublé, je me dis : oh, ceux-là ne doivent pas être très bons. J'essaie de faire abstraction. Mais dans un premier temps, je suis influencé » (professeur certifié de sciences naturelles).

Le propos, loin d'être isolé, est remarquable en raison de la connaissance de l'effet des stéréotypes évaluatifs dans l'élaboration du jugement du maître et de la conscience de faire cependant subir aux élèves stigmatisés un préjudice évaluatif éventuel découlant de leur statut d'élèves redoublants ou plus âgés. Au collège, cette influence du statut de l'âge sur l'évaluation des performances de l'élève a fait l'objet d'une mesure statistique. Au niveau de connaissances comparables mesurées par des épreuves standardisées, « les élèves âgés obtiennent un point de moins par année d'âge » lorsqu'ils sont notés par leurs professeurs (Duru Bellat et Mingat, 1993, 131). Les données montrent que la connaissance de l'âge, mais aussi du statut de redoublant, obtenue par le professeur par sa fiche de renseignements (ou d'autres moyens) contribue à la fabrication de la note.

Il faut rappeler que le redoublement n'est pas une fatalité inévitable liée aux apprentissages. Le système scolaire français est, dans ce domaine, une sorte de champion toutes catégories parmi les pays de l'OCDE. Près de 40 % des élèves de quinze ans déclarent, en 2003, avoir redoublé au moins une fois (OCDE, 2006). Ce pourcentage est très inférieur à 5 % dans des pays comme la Suède, le Danemark, la Finlande, la Norvège, la Corée... pays dans lesquels – les comparaisons internationales le montrent sans contestation – les élèves de quinze ans ont des performances scolaires généralement bien supérieures à ceux de leurs homologues français. La « seconde chance », celle que les professeurs pensent accorder aux élèves en difficulté en décidant de leur redoublement, est massivement une illusion. Bien au contraire, il a été montré de façon indiscutable, par de multiples études anciennes et récentes, que plus les redoublements sont fréquents et de surcroît précoces, plus l'avenir des élèves concernés est compromis (Troncin, 2005).

La pratique du redoublement est particulièrement néfaste pour les élèves, elle favorise un stéréotype négatif, un « effet d'étiquetage ». L'élève redoublant ou « en retard », sorte de déviant scolaire, est explicitement considéré comme plus faible que les autres élèves et cette perception se traduit – les recherches concordent totalement sur ce point (Merle, 1998) – par une note plus sévère relativement à ses compétences disciplinaires effectives. Le statut de redoublant commande en partie celui de l'élève appréhendé par un niveau de compétence scolaire probable. Un tel statut de redoublant limite aussi les possibilités d'orientation en seconde générale et technologique pour un élève de troisième ; en première S ou en classe préparatoire pour un élève redoublant la classe précédente. Finalement, être redoublant interdit d'être considéré comme les autres élèves, conformément à un mécanisme de construction sociale de la marginalisation décrit par Becker (1985).

À suivre certaines des argumentations des enseignants, ces fiches auraient la vertu de favoriser une adaptation du professeur à son public, voire même de définir, en fonction du niveau de compétences déclarées par les élèves, leurs espérances scolaires en quelque sorte normales (« Si ce sont des élèves faibles, ils seront contents d'avoir 8 ou 10 »). Cette adaptation du contenu pédagogique des cours en fonction du niveau supposé des élèves a été montrée empiriquement (Keddie, 1971) et tend à renforcer les différences initiales éventuelles entre classes jugées « bonnes » ou « mauvaises » : le professeur a des attentes supérieures pour les classes supposées meilleures. Et inversement.

En s'adaptant, plus ou moins, au niveau supposé de la classe à partir des informations contenues dans les fiches de renseignements, les professeurs créent ou recréent, de façon informelle, des classes de niveau. Or les dispositifs de lutte contre l'inégalité de réussite qui se fondent sur une réduction de la diversité scolaire des classes (notamment par la mise en œuvre de classes de niveau) s'avèrent le plus souvent contre-productifs : au lieu de compenser les écarts d'acquis, ces classes de niveau les accroissent (Grisay, 1999). De même, la pédagogie différenciée, très conseillée aux jeunes professeurs dans les IUFM, conduit à individualiser la formation, parfois à constituer des groupes de niveaux, et s'avère, toutes choses égales par ailleurs, moins favorable aux progrès scolaires qu'une pédagogie dite frontale (Duru-Bellat, Leroy-Audoin, 1990). En ce sens, les informations recueillies par la fiche de renseignements influencent potentiellement l'activité pédagogique du professeur, la notation des élèves et les progrès de ceux-ci en cours d'année.

Amour de la discipline, disposition scolaire et réussite

La fiche de renseignements adressée aux élèves intègre aussi des informations relatives aux « prédispositions » scolaires définies en termes affectifs : « Je leur demande aussi quelles relations ils ont avec l'histoire, et la géo, c'est-à-dire s'ils aiment ça passionnément, un peu, pas du tout. Je leur demande en général aussi leur niveau » (professeur certifié d'histoire).

Le propos est sous-tendu par des causalités indicibles : aimer la discipline, donc aimer ce que je dis, donc aimer ce que je suis, et réussir avec et comme moi. Avant toute évaluation effective des élèves, est-il possible que l'élève qui aurait la naïveté de déclarer « détester » l'histoire, soit perçu par son professeur comme celui déclarant « adorer » cette matière ?

Les « bons élèves », les élèves les mieux dotés socialement d'un savoir de mise en scène scolaire de soi, plus initiés implicitement au jeu des images qu'élèves et professeurs s'échangent, sont davantage susceptibles de donner les meilleures réponses sur leur fiche de renseignements et d'adopter dans la classe les comportements souhaités. Lorsque les élèves sont laissés libres par l'enseignant d'indiquer sur leur fiche de renseignements leurs notes obtenues l'année précédente, généralement seuls les bons élèves, d'après les professeurs interrogés, indiquent leurs notes : les meilleurs n'hésitent pas à signaler leur excellence. Toutefois, quelques élèves faibles, ayant intériorisé totalement les verdicts scolaires antérieurs les concernant, signalent leur incompétence (« J'ai toujours été nul en sciences »). Ces deux catégories d'élèves indiquent ainsi clairement à leurs professeurs que ceux-ci doivent s'attendre, pour les premiers, à de bons résultats ; pour les seconds, à une nullité inguérissable. En l'occurrence, la fiche de renseignements peut être l'occasion pour l'élève d'indiquer ce qu'il est et ce qu'il sera en cours d'année et, finalement, de présenter à son professeur des éléments d'un *modus vivendi* scolaire destiné à régler le quotidien de la vie en classe.

Cette recherche professorale de l'amour de l'élève pour telle ou telle discipline mélange de façon confuse des registres scolaires et affectifs, et constitue une pré-évaluation des élèves. À l'ancienne et toujours présente idéologie du don parmi les professeurs (Léger, 1983 ; Bourgeois, 1983), se substitue une idéologie de l'intérêt ou du goût : l'élève réussirait dans une discipline en raison de l'amour et de l'inclination pour telle ou telle discipline. Quelques professeurs ont à ce sujet des propos édifiants : « Chaque élève décide, dans l'ensemble des matières, de pondérer ses résultats en fonction de ses goûts » (professeur agrégé de lettres). Dans cette perspective, les difficultés scolaires sont des conséquences logiques du « choix » et des amours disciplinaires de l'enfant. À ce titre, les difficultés des élèves ne relèvent plus du domaine de compétences de l'institution éducative.

Cette question de l'amour disciplinaire revêt des significations à peu près du même ordre que la question relative à l'amour de l'établissement. En début d'année, pour compléter la fiche de renseignements, certains professeurs se mettent parfois d'accord pour établir un questionnaire de rentrée pour « mieux connaître leurs élèves ». Les principaux ou proviseurs sont très généralement favorables à ces initiatives qui s'insèrent dans le projet global de connaissance des élèves. Ces questionnaires d'enquête de début d'année ne diffèrent guère dans leurs objectifs des fiches de renseignements.

« Le lycée est un lieu que je suis heureux de fréquenter : oui-non ;
Le séjour au lycée est un moment difficile à passer : oui-non ;
Le lycée est un lieu à oublier au plus vite : oui-non » (extrait d'un questionnaire collectif élaboré par des professeurs principaux de seconde à l'attention de leurs élèves).

Quels comportements professoraux peuvent être favorisés par la détention des réponses à ce type de questionnaire ? Il faut remarquer que ces trois questions sont quasiment identiques. Les réponses des enquêtés, forcément concordantes entre elles, ne font que produire un effet de renforcement négatif ou positif de l'image de l'élève. Par les vertus d'une pseudo-enquête, l'échec possible de la relation pédagogique est déjà en partie expliquée dans les comportements initiaux des élèves se déclarant peu heureux de fréquenter le lycée, davantage préoccupés par la nécessité de l'oublier... Dans l'enquête, pour comprendre le présent, il suffit de connaître le passé. Cette démarche professorale se situe dans une perspective déterministe de la scolarité.

Projets d'étude, projets professionnels et avenir probable

Dans les discours professoraux, le projet d'étude et le projet professionnel déclarés par un élève dans sa fiche de renseignements ont généralement une signification claire. L'énonciation d'un projet constitue des sources de motivation et donne à l'élève des raisons de réussir. Généralement, l'existence ou l'absence de projets participe à une théorie professorale de la réussite ou de l'échec. Pour une majorité d'enseignants, « un enfant en échec est un enfant sans projet » (Chauvet et Gentil, 1993). L'information contenue sur la fiche de renseignements contribue ainsi à façonner une première vision de chaque élève en distinguant ceux qui énoncent des projets scolaires et professionnels et ceux qui n'en énoncent pas.

Les enseignants pressentent que le projet signe un rapport de l'élève à l'école et, plus largement, un mode d'adaptation sociale marqué par la satisfaction ou l'apathie (Dubet, 1973). Les élèves amorphes, ceux qui sont considérés comme des « mongols » (Rayou, 1998, 227), sont d'autant plus déconsidérés que, de surcroît, ils « ne savent pas quoi faire plus tard ». Dans les propos des professeurs, l'incapacité de certains élèves à s'imaginer un avenir explique leur inertie dans le quotidien de la classe et fait l'objet de dénonciations parfois virulentes : « Il y a des filles, tu pourrais leur dire n'importe quoi, mais n'importe quoi, mais elles ne diraient rien. Quelquefois, j'ai l'impression de parler à des murs, on dirait des légumes » (professeur contractuel de lettres).

À travers les projets d'études présentés, l'élève témoigne d'une plus ou moins grande proximité culturelle avec ses enseignants, et contribue à la personnalisation d'une relation évaluative spécifique. Un élève de terminale S indiquant qu'il cherche à intégrer une maths sup. ne se présente pas de la même façon à l'égard de son professeur de mathématiques que l'élève qui n'exprime pas de projets d'études bien définis au début ou en fin d'année... Pour certains élèves, « les héritiers », ceux qui souhaitent intégrer une classe préparatoire aux grandes écoles, il s'agit de réaliser le destin scolaire normal qui permettra de construire l'avenir que l'origine sociale promet (Bourdieu et Passeron, 1964 ; Dubet, 1991). Pour d'autres, le projet d'études supérieures courtes constitue l'aboutissement d'une ascension sociale, ou en tout cas d'une ascension scolaire vis-à-vis des parents. Ces deux catégories d'élèves adoptent des comportements à l'égard de leurs professeurs nettement différenciés. Plus l'ambition scolaire est élevée, plus faible est la critique de la notation et la contestation des enseignants (Merle, 1996).

Dans le discours des professeurs, en complément du projet scolaire, la motivation ou son absence sont des éléments explicatifs centraux de la réussite ou de l'échec scolaires. Mais la motivation que le professeur cherche à saisir dans la fiche de renseignements est une notion confuse. L'élève réussirait parce qu'il est motivé comme naguère son succès était justifié par ses dons. Cette approche de la réussite s'organise autour du même point aveugle : pourquoi tel ou tel enfant serait-il motivé ? Pourquoi aurait-il tel projet scolaire ou professionnel ? Quelle histoire personnelle et singulière favorise ou non l'émergence de telle ou telle motivation et ambition ?

Si la motivation et la réussite scolaire ont une origine familiale (Bourdieu et Passeron, 1964 ; Meuret et Morlaix, 2006), son origine est aussi indiscutablement scolaire. Elle est à la fois liée à l'organisation scolaire (Boudon, 1973) et à l'expérience que les élèves ont de l'école dans le quotidien de la classe (Merle, 2004, 2005 ; Merle et Piquée, 2006). La fiche de renseignements sur l'élève apporte des informations qui sont potentiellement des pseudo-justifications des difficultés que l'élève est susceptible de rencontrer. En recherchant le niveau de motivation, en consignant son absence, la fiche de renseignements substitue une cause à une conséquence. Elle explique la difficulté de l'élève par une spécificité intrinsèque ou extra-scolaire et, dans le même mouvement, élude une interrogation nécessaire sur la construction scolaire des difficultés d'apprentissage dans l'instant même où elles sont constatées.

La connaissance professorale des élèves à partir de la présentation de leur projet d'études est source d'une catégorisation professorale préliminaire à replacer dans un contexte spécifique. En sollicitant, auprès de chaque élève, l'énonciation de projets scolaires et professionnels, en accordant éventuellement de l'importance à ces projets lors des décisions d'orientation, les professeurs ne font qu'agir conformément aux directives administratives. L'orientation est en effet conçue comme le résultat d'un processus continu d'élaboration et de réalisation d'un projet personnel de formation que l'élève de collège, puis de lycée, mène en fonction de ses « aspirations » et de ses « capacités ». La consultation de l'élève est censée garantir le caractère personnel de son projet. La fiche de renseignements contribue à cette orientation spécifique du jugement professoral quand les élèves précisent leurs projets.

Les élèves, notamment les lycéens, saisissent parfois très bien le parti qu'ils peuvent tirer de leur situation personnelle comme en témoignent les « motivations » développées sur certains dossiers de candidature : « Mon père étant lui-même ingénieur, j'ai très vite connu le milieu de l'imprimerie si bien qu'aujourd'hui, j'aimerai m'y engager à mon tour pour en faire mon métier et c'est pourquoi je suis candidat en BTS communication graphique » (source : dossier de demande d'admission en IUT, STS, DPECF, dans la rubrique : « Motivation(s) du (de la) candidat(e) »). Des motivations de ce type, tout à fait compréhensibles, laissent suggérer en filigrane les motivations interdites pour les élèves ne bénéficiant pas de tels modèles professionnels.

Fiche de renseignements et autres modalités d'information des professeurs

La demande de renseignements scolaires adressée à l'élève constitue, plus ou moins explicitement, une première évaluation, approximative, et contribue à façonner, avec une intensité très variable, des attentes professorales différenciées pour chaque élève. La fonction assurée par la fiche de renseignements sur l'élève est en fait identique à celles des autres canaux d'information dont disposent les professeurs pour « connaître » leurs classes et leurs élèves. Il existe en effet au niveau de l'institution éducative des stéréotypes de compétence scolaire selon les filières (de la « voie royale » aux « sections poubelles »), complétés, au niveau de chaque établissement, par des hiérarchies locales établissant de subtiles distinctions entre telle ou telle terminale S ou L selon le nombre et la valeur sociale et scolaire des options proposées. De nombreux enquêtés apportent des précisions sur le « niveau » de leur classe et les discours entendus contiennent des informations de même nature que celles collectées par les fiches de renseignements :

> « C'est une classe qui fait Anglais-Allemand, bon, comme toute les classes qui font allemand, il y a un niveau » (professeur agrégé d'histoire).

> « On m'a dit depuis le début de l'année que c'étaient de très bons élèves et j'ai donc été très vigilante à les faire progresser (...), mais ce sont des gens brillants » (classe de 1re S) (professeur agrégé de lettres).

Les informations professorales collectées, relatives au niveau escompté de la classe, sont également complétées par des renseignements plus individualisés recueillis dans les lieux de rencontre familiers des professeurs (salle des professeurs, cafétéria, cantine du personnel) :

> « Elle, bien, une fille chouette, sérieuse, travailleuse, mais un peu trop scolaire, a parfois du mal dans les disserts. Lui, j'aime pas beaucoup, un peu casse-pieds, mais pas bête. Lui, je vois plus trop qui c'est (...) C'est presque ma classe de l'année dernière, c'est plutôt une bonne classe » (propos recueillis en salle des professeurs).

La fiche de renseignements remplie par les élèves n'est finalement qu'une des modalités utilisées par une majorité de professeurs pour situer scolairement et socialement leurs élèves, orienter leur pratique pédagogique et définir en partie leurs attentes scolaires. L'ensemble de ces informations sont susceptibles de réactiver un certain nombre de stéréotypes évaluatifs individuels et collectifs.

Par définition, le stéréotype évaluatif positif opère, dans les décisions d'orientation notamment, même en l'absence de différences de compétence en faveur de tel ou tel élève ou de telle section d'enseignement. Ainsi, les élèves de première scientifique définis scolairement comme « brillants » et « bons élèves » en français par le professeur de lettres précité, le demeurent, pour cet enseignant, même après la passation anonyme d'un bac blanc au cours duquel « ses » élèves ont eu des notes identiques, en moyenne, aux élèves des autres sections !

L'existence de stéréotypes positifs est, par construction, inséparable de stéréotypes négatifs à la fois individuels et collectifs.

> « Je vois cette année, j'ai même un problème parce que je suis professeur principal d'une classe de seconde [...] Je sais que c'est une classe qui... [...] dont le niveau n'est pas très élevé. Donc, je sais ça, donc, j'ai généralement tendance à les voir un peu à la baisse, à leur trouver des difficultés alors qu'il n'en ont peut-être pas tant que ça, et j'essaie de faire abstraction de ça, mais c'est difficile » (professeur certifié de sciences naturelles).

Une certaine tendance à l'autovalidation des stéréotypes évaluatifs est réalisée par les enseignants alors même que l'appréciation négative des élèves reste hypothétique. Autrement dit, des perceptions professorales pessimistes contiennent l'attente de l'échec et préfigurent l'échec lui-même, conformément à un processus décrit par Merton (1965) de *self-fulfilling prophecy* (anticipations autoréalisatrices).

Cette inclination à la pérennité des jugements et situations scolaires est réalisée aussi, par le choix de tels ou tels collèges ou lycées, par les parents avertis de leurs différences de niveau : l'inégalité initiale des niveaux scolaires inter-établissements se trouve ainsi renforcée par les conduites des parents qui parviennent à soustraire leurs enfants aux exigences de la carte scolaire afin de leur faire bénéficier des établissements les plus performants (Felouzis, 2005). Il existe des stratégies de fuite et des circuits de scolarisation valorisés (Ballion, 1986 ; Broccolichi, van Zanten, 1997) dont les professeurs ont forcément connaissance puisqu'ils en sont des acteurs essentiels en tant que parents. La perception professorale de cette ségrégation sociale inter-établissement – phénomène majeur de la scolarisation de la fin du XXe siècle (van Zanten, 2001) – contribue, conformément au processus d'anticipations autoréalisatrices précité, à leur perpétuation.

La confiance des enseignants à l'égard des jugements professoraux antérieurs est souvent vécue sereinement mais est parfois empreinte de doutes et d'interrogations. Autrement dit, la généralisation de la pratique professorale de recherche de renseignements scolaires n'implique ni un usage totalement identique des informations recueillies ni l'existence d'un cadre strictement déterminé d'informations jugées pertinentes ou nécessaires par les enseignants. Ainsi, quelques-uns des professeurs enquêtés ne demandent pas la profession des parents à leurs élèves ; d'autres considèrent qu'il s'agit d'une information essentielle. Leur demande de renseignements d'ordre scolaire s'inscrit alors dans une logique d'investigation plus vaste des caractéristiques de leurs élèves en cherchant à obtenir des informations ordinairement présentes dans leur dossier scolaire.

2
Le modèle du dossier scolaire

Petite histoire du dossier scolaire

Dans leur majorité, les professeurs font remplir à leurs élèves une fiche de renseignements qui rassemble une partie des informations accessibles dans le dossier scolaire de l'élève. Le terme de dossier scolaire est générique et renvoie à plusieurs dossiers spécifiques : « le dossier scolaire, Enseignement préélémentaire - Enseignement élémentaire », « le dossier pédagogique du 1er cycle » (de la 6e à la 3e), « le dossier d'admission en lycée ». À ces trois dossiers s'ajoutent des fiches d'orientation, des dossiers d'admissions particuliers et, bien évidemment, le livret scolaire précédemment présenté. L'ensemble constitue ce qui est communément appelé le dossier de l'élève.

Alors que le livret ne rassemble que des informations d'ordre scolaire, le dossier relève d'une autre logique de l'institution éducative. Mis en chantier sous le ministère Fontanet, le dossier scolaire est officialisé par un arrêté de René Haby le 8 août 1977. Mais cette création réglementaire relativement tardive comparée à celle du livret scolaire institué à la fin du XIXe siècle fait oublier l'essentiel. Dès les années 1880, suite à la loi du 28 mars 1882 sur la scolarisation obligatoire, toutes les écoles primaires laïques ont été pourvues d'un registre matricule, grand cahier standard de format 38 × 26, dans lequel les enseignants enregistraient les dates d'entrées et de sorties des élèves, la profession et le domicile du père ou du tuteur et l'obtention du Certificat d'études primaires. À partir de 1914, d'après les recherches réalisées par Jean Peneff, les instituteurs formulent sur le registre matricule, dans la colonne « observations », des appréciations sur la conduite des enfants. Quelques-unes mettent en exergue les enfants ne posant pas de problèmes (« caractère doux », « enfant très docile »). Toutefois, les appréciations négatives (« caractère frondeur », « vif », « violent », « difficile », « a commis plusieurs vols sur la place du marché ») sont plus fréquentes (Peneff, 1987, 206).

Au cours des années 1960, les établissements utilisaient des équivalents fonctionnels du futur dossier scolaire créé en 1977, notamment une « fiche de liaison » entre le CM2 (cours moyen deuxième année) et la sixième. Cette fiche invitait à signaler, dans des cases prévues à cet effet, « l'activité ou le dynamisme » de l'élève, « en classe » et « hors de classe » (« participation », « timidité », « passivité »), ou la confiance en soi (« justifiée », « excessive », « insuffisante »). La disparité des informations présentées – l'épaisseur de ces dossiers scolaires est variable – tient notamment à ce que seuls les « éléments essentiels » du dossier de l'école élémentaire devaient être transmis aux collèges et lycées. Le tri entre « l'essentiel » et le superflu était inégalement réalisé.

L'importance variable des dossiers tient aussi à la contestation très médiatisée qui a suivi l'institution officielle du dossier scolaire en 1977. La Confédération des parents d'élèves (Fédération Cornec), la Confédération syndicale des familles, certains représentants des syndicats des professeurs (*Syndicalisme universitaire,* n° 719, 5 décembre 1977), les médecins de la PMI (Protection maternelle et infantile) et les psychologues scolaires, ont déposé des recours devant le Conseil d'État et vivement protesté contre cet « instrument de sélection organisée », « cette entreprise de fichage des élèves », ou « cette agression contre la vie privée ». Le ministère de l'Éducation nationale a dès lors « laissé toute latitude aux établissements » pour la mise en place de ces dossiers. La note de vie scolaire instituée en premier trimestre de la rentrée 2006, très controversée, a fait l'objet de contournements similaires.

Il est significatif que la création officielle du dossier scolaire en 1977 suive d'aussi près la création du collège unique. Suite à la mise en place de la réforme du collège, la disparition des filières sélectives dans la nouvelle organisation pédagogique du premier cycle avait en effet supprimé une façon facile d'identifier socialement les publics scolaires. Les quatrièmes « classiques » étaient en effet essentiellement fréquentés par les enfants de professions libérales, cadres supérieurs et professions intermédiaires (seulement 5 % des enfants d'ouvriers étaient scolarisés dans cette section au milieu des années 1960). À l'inverse, les enfants d'ouvriers, d'agriculteurs et d'employés étaient sur-représentés en 4e de transition et en première année de Collège d'enseignement technique (Baudelot, Establet, 1971).

Dans sa version actuelle, la plus usuelle, le dossier scolaire relate la carrière scolaire de l'élève (établissements fréquentés, redoublements, options suivies, double des bulletins de notes envoyés aux familles) complétée par « les caractéristiques essentielles non confidentielles de la situation familiale et sociale » (adresse, composition de la famille, profession des parents, nombre de frères et sœurs, problèmes médicaux, courrier éventuel des parents...). La constitution de ces dossiers donne lieu à une déclaration à la Commission Nationale de l'Informatique et des Libertés. Réglementairement, les informations d'ordre scolaire, médical, familial, social et psychologique recueillies ont pour but de contribuer à déterminer les mesures pédagogiques répondant aux besoins de l'élève, à l'aider dans ses choix et à faciliter son orientation.

Le dossier scolaire se distingue doublement du livret. Il est, dans les faits, la propriété de l'administration, et ce dossier contient, outre des informations scolaires, des informations extra-scolaires. Sa consultation relève de l'autorisation du chef d'établissement et concerne les catégories de personnel suivantes : les membres de la direction de l'établissement, les conseillers d'éducation, les conseillers d'orientation-psychologue, le personnel médico-social de l'établissement et les enseignants, plus spécifiquement les professeurs principaux ; c'est-à-dire, ceux qui, au sens de la réglementation, peuvent apporter un « avis éclairé » sur l'élève et participer à l'élaboration et à la tenue du dossier.

Les modalités d'usage des fiches de renseignements

La fiche de renseignements élaborée sur le modèle du dossier rend compte d'une pratique professorale majoritaire aussi bien en collège qu'en lycée. Les professeurs qui élaborent leurs fiches de renseignements en suivant la logique du dossier recherchent un maximum d'informations sur chaque élève. L'histoire scolaire de l'élève est censée acquérir toute sa signification lorsqu'elle est complétée par celle de la situation familiale. Les professeurs adeptes de la fiche de renseignements élaborée sur le modèle du dossier scolaire considèrent que « l'élève, c'est un tout ». Outre l'identification scolaire de l'élève, un grand nombre d'informations relatives à la situation socioculturelle de l'élève peuvent être demandées, que celles-ci soient saisies à partir d'une approche individuelle (loisirs, sports pratiqués, émissions regardées à la télévision, lectures...) ou d'une approche plus familiale (profession des parents, adresse, numéro de téléphone, nombre de frères et sœurs et scolarité de ceux-ci, condition de logement, lieu d'habitation, durée du trajet scolaire, rapport aux parents...). Le projet professoral est de connaître ce que les enseignants nomment parfois « la personnalité » de l'élève.

Préciser davantage les types de comportements professoraux qui caractérisent ce modèle se heurte au travail de figuration présent à certains moments des entretiens. Les professeurs n'ont en effet guère de raisons d'ordre strictement scolaire de demander toute sorte d'informations à leurs élèves et notamment leur origine sociale. Les missions réglementaires de transmission du savoir et d'évaluation des élèves n'exigent pas la connaissance de la situation sociale. Pendant l'entretien, les professeurs interrogés ont souvent eu recours à l'autojustification, à des comportements de rétention d'informations ou du moins des pratiques d'oublis actifs.

Suite à la question – « quels renseignements demandez-vous à vos élèves au début de l'année ? » – la demande de la profession des parents a été rarement mentionnée spontanément. Suite à la question qui servait de relance – « Vous ne demandez pas la profession des parents ? » – beaucoup des professeurs interviewés ont été surpris, voire interloqués, par la précision de l'interrogation parfois perçue comme une intrusion dans la vie privée du professeur (silence, rire, bredouillement). Une bonne partie des professeurs interrogés assure aussi ne regarder que très vaguement les réponses des élèves et n'y jeter qu'un coup d'œil furtif avant de procéder au rangement de ces fiches.

La déclaration répétée de cet usage restreint de la fiche de renseignements peut surprendre. Il pourrait s'agir, dans la logique déjà présentée de la non-déclaration spontanée de la demande de la profession des parents, d'un nouvel oubli délibéré relatif aux pratiques effectives d'usage des informations collectées. Cette hypothèse ne semble pas cependant la plus probable. L'évaluation préliminaire permise par ces fiches d'informations constitue une évaluation très grossière, indicative. Le professeur fait généralement preuve d'une curiosité sélective. Il s'agit d'effectuer un repérage rapide, notamment des élèves particulièrement faibles et des élèves « excellents » ou d'origine sociale élevée. Les premiers sont des sources de difficultés potentielles ; les seconds apportent souvent des satisfactions narcissiques.

Léger (1983) a en effet montré que la carrière inter-établissements des professeurs est marquée par la recherche des élèves bourgeois scolarisés dans les établissements d'excellence. Le constat reste d'actualité : la moyenne d'âge des professeurs est bien plus élevée dans les collèges et lycées des centres-villes. Dans les petites classes, Zimerman (1978) a également bien montré l'existence de processus d'attraction-répulsion des enseignants selon l'origine sociale de leurs élèves. Ainsi, les enfants d'origine aisée sont beaucoup plus souvent jugés « sympathiques » et « agréables » que les enfants d'origine populaire, notamment d'origine étrangère, auxquels est parfois associé le qualificatif de « répugnant ».

Le contraste est étonnant entre la minutie professorale qui entoure parfois la confection de ces fiches (bristols imprimés pouvant être stockés dans un classeur) et la fréquence réduite d'utilisation. Les modalités d'usage des fiches – lecture initiale de l'ensemble, consultations éventuelles lors des corrections des premiers devoirs, lecture avant la rencontre avec un parent et parfois avant les conseils de classe de fin d'année – montrent que ces fiches, dans des cas spécifiques, sont perçues comme particulièrement nécessaires pour le professeur bien que la fréquence moyenne d'utilisation puisse être restreinte.

L'enseignant cherche aussi, par la fiche de renseignements, à répondre à la question entendue au cours des entretiens – *« À qui j'ai affaire ? »*. La réponse à la question « À qui j'ai affaire ? » est particulièrement assurée lorsque le professeur utilise ces fiches en début d'année pour effectuer l'appel des élèves pendant les premiers cours car, dans les fiches de renseignements, la demande de la profession des parents suit souvent la demande du nom et du prénom. Cette façon de procéder à l'appel associe simultanément un visage, un nom et une origine sociale.

Les raisons avancées par les professeurs pour justifier leur demande d'informations d'ordre social ont été relativement peu nombreuses. Elles semblent parfois occulter, plus ou moins consciemment, quelques-uns des fondements sociaux de cette pratique de recherche d'informations. Les professeurs interrogés n'ont sans doute pas toujours voulu dévoiler les raisons qui les amenaient à demander telles ou telles informations, faute de justifications d'ordre strictement scolaire à présenter à l'enquêteur. Parmi les discours entendus, trois justifications ont retenu plus spécifiquement l'analyse.

Informations sur la famille de l'élève et théorie de l'échec scolaire

Le recueil d'informations familiales est parfois justifié par l'enseignant par la nécessité d'éviter des « impairs » à l'égard d'enfants dont la situation familiale est spécifique, notamment l'absence d'un ou des deux parents du foyer. Il est toujours désastreux pour un professeur de souhaiter rencontrer un père ou une mère décédé ou inconnu. Le projet d'éviter des impairs est concomitant d'une interrogation centrale : quelles sont les spécificités de la famille de chaque élève ?

Cette recherche d'informations extra-scolaires est en rapport avec une théorie professorale de l'échec scolaire. La connaissance du nombre de frères et de sœurs, de la situation des parents, de leur niveau de scolarisation permet à l'enseignant de supposer l'existence d'un soutien familial (parents et fratrie) ou son absence. Dans la perception des enseignants, la famille constitue potentiellement un handicap scolaire (cas des familles nombreuses, d'origine modeste, dans lesquelles l'espace individuel dont peut disposer l'élève est réduit). De fait, les fratries importantes exercent un effet négatif sur la probabilité de la réussite scolaire (Le Guen, 1991), et les professeurs interrogés en ont une connaissance intuitive. Les informations recueillies par les professeurs permettent, en saisissant des singularités familiales, d'élaborer une connaissance jugée relativement rapprochée de l'élève.

Plus ou moins explicitement, les enseignants, en sollicitant ce type d'informations auprès de l'élève, adhèrent à une théorie de l'échec scolaire fondée sur le handicap familial : origine sociale défavorisée ou étrangère, autorité parentale perçue comme défaillante, fragilité ou inexistence supposée des modèles familiaux (famille monoparentale, élève logé chez une tierce personne), longueur du trajet scolaire, usage jugé excessif de la télévision... sont considérés comme des facteurs explicatifs éventuels des difficultés scolaires rencontrées par l'enfant. Ces opinions professorales sont parfois pertinentes, parfois dénuées de fondement scientifique. Ainsi la scolarité des enfants de mariages rompus n'est pas forcément affectée par la désunion des parents (Bhrolchain, Chappell, Diamond, 1994).

Les entretiens menés auprès des professeurs confirment une étude du ministère de l'Éducation nationale portant sur la façon dont les enseignants se représentent l'élève en difficulté. Les enseignants de collège portent, par exemple, un jugement négatif à l'égard de l'usage de la télévision (adhésion positive à la proposition « la télévision habitue à enregistrer sans comprendre »). De façon plus générale, prévalent parmi les professeurs les idées selon lesquelles les causes de l'échec scolaire sont extérieures à l'école. Sont notamment mis en cause le « milieu social » et la « démission parentale » (Chauvet et Gentil, 1993).

Par la collecte d'informations de type familial, les professeurs cherchent à connaître « les ressources extérieures à l'école » (extrait d'entretien) dont peuvent disposer leurs élèves. Lors des délibérations du conseil de classe relatives à l'orientation des élèves, toutes les informations relatives aux centres d'intérêt, aux loisirs et de façon plus générale à l'environnement socioculturel et familial semblent constituer des éléments sollicités implicitement dans la perspective d'un handicap culturel pour les élèves d'origine modeste et d'un avantage culturel pour les enfants d'origine aisée. À noter que jusque dans les années 1990 figurait sur le talon de certains modèles de bulletins trimestriels envoyés aux parents, talon consultable par l'administratif qui dirige le conseil de classe, la profession des parents. La disparition de cette information manifeste la perte de la légitimité de cette information dans la gestion administrative des élèves. *A contrario,* cette information a gardé toute son utilité pour les professeurs intéressés par les compétences professionnelles des parents de leurs élèves.

Compétence parentale et compétence de l'élève

Un certain nombre de professeurs interrogés ont déclaré chercher à connaître la profession des parents parce que la connaissance de celle-ci pouvait être « utile pour le cours » :

> « Je demande, nom, prénom, l'âge, profession des parents, essentiellement pour repérer les enfants qui tournent autour de ma discipline, ça peut toujours être utile, parfois, on a besoin de contact, si par exemple le père travaille à l'INRA, ça peut être intéressant, c'est uniquement dans ce sens-là, parce que qu'il soit ouvrier ou ingénieur, les parents, je m'en fiche, c'est pour repérer ceux qui sont en relation avec ma discipline » (professeur agrégé de sciences naturelles).

L'argumentation n'est pas très convaincante : connaître la profession des parents est annoncée comme « toujours » utile alors que l'enseignant n'a que « parfois besoin de contact ».

Dans les discours entendus, l'élève, appréhendé comme enfant, est crédité aussi d'une certaine compétence disciplinaire en raison de la compétence professionnelle reconnue à ses parents. Un professeur de philosophie indique, par exemple, que si un de ses élèves a un père psychiatre, il choisira de préférence cet élève pour réaliser un exposé sur la psychiatrie sachant que les connaissances de l'élève « nourri de la fréquentation familiale d'un professionnel de la psychiatrie » sont supérieures à la moyenne des élèves.

Cette liaison entre compétence parentale et compétence scolaire peut être également présente dans certaines fiches de renseignements de professeurs d'éducation physique et sportive comme le montrent les questions suivantes :

> « Pratiques-tu des activités sportives avec ta famille ? Lesquelles ? Tes parents pratiquent-ils eux-mêmes des activités sportives ou autres (culturelles, pêche...) ? Lesquelles ? Est-ce que tu pratiques toi-même certaines de ces activités ? Lesquelles ? » (extrait d'une fiche de renseignements dactylographiés remise aux élèves en début d'année).

Le projet déclaré de ce professeur est, à l'instar des professeurs précités, de pouvoir utiliser « les compétences disponibles » présentes parmi ses élèves. *Talis pater, qualis filius.*

Certains professeurs créditent donc une partie de leurs élèves de compétences spécifiques, scolairement utiles, en raison de la profession de leurs parents. Un tel crédit suggère, en creux, les lacunes des élèves d'origine populaire. Toutefois, pour les professeurs interviewés, la connaissance de la profession des parents des enfants d'origine populaire permettrait d'être plus attentif à leurs difficultés. Cette raison a notamment été avancée parmi des enseignants acquis à une théorie du handicap familial. L'idée implicite est de ne pas être « indifférent aux différences » :

> « [La connaissance de la profession des parents], c'est pour aider, pas pour enfoncer ». Il s'agit aussi « connaissant la profession des parents, qui est très modeste et tout (...), ça peut être pour atténuer au moment d'un conseil de classe, pour être moins dur. »

Le statut de cette aide aux élèves est en fait ambigu. L'élève d'origine modeste, associé en l'occurrence aux difficultés scolaires, n'est-il pas l'objet d'un stéréotype négatif qui contrebalance la mission d'aide que le professeur s'assigne ? La connaissance de l'origine sociale d'un élève produit, en fait, les mêmes effets sur l'évaluation de ses performances qu'un mauvais dossier scolaire : les professeurs notent avec plus de sévérité les copies provenant fictivement d'élèves d'origine modeste et cette sévérité concerne tout aussi bien « la forme », « le fond » et l'orthographe de la copie... (Pourtois, 1978).

Même dans les domaines, tel que l'orthographe, où le jugement professoral pourrait être impartial en raison d'un code rigide de la définition de l'erreur, le jugement du maître reste sous l'influence de variables sociales telles que la profession des parents de l'élève ! L'incompétence supposée des parents a un effet sur l'évaluation des travaux de l'élève et plus précisément favorise, une sous-estimation de ses compétences scolaires. La question de l'incompétence parentale est d'ailleurs présente dans certaines réflexions professorales :

> « Au niveau des parents d'origine modeste, je me base un peu sur le look : les parents, quand ils viennent à la réunion, il y en a dont je vois, à mon avis, vu leur attention pendant le discours, ils sont là parce qu'ils estiment qu'ils s'intéressent à leur gamin, mais à mon avis ils n'ont pas compris » (professeur d'histoire).
>
> « Ils se sont mis à deux pour faire un imbécile, je ne vois pas comment toute seule je pourrais en faire quelqu'un d'intelligent » (professeur d'histoire).

Le projet d'aider l'élève en raison de son origine modeste semble dès lors hypothéqué par les modes sociaux d'élaboration des jugements scolaires, ce que Bourdieu et Saint Martin (1975) nomment « les catégories de l'entendement professoral », désignant par cette expression les préjugés scolaires laudatifs et dépréciatifs attachés aux positions professionnelles dominantes et dominées des parents. Ces catégories de l'entendement professoral concerneraient plus spécifiquement la fraction des professeurs qui s'intéresse particulièrement à l'origine sociale de leurs élèves. Les travaux effectués par Duru-Bellat et Mingat (1993) sur des élèves scolarisés en classe de cinquième montrent d'ailleurs que les enfants de cadres supérieurs sont mieux notés par leurs professeurs que les enfants d'ouvriers à niveau de connaissances comparable.

L'attention spécifique que certains professeurs pensent accorder aux élèves en difficulté d'origine populaire ne semble donc pas avoir de traduction marquée en termes d'égalité de traitement. En matière d'orientation, les interventions des professeurs en conseil de classe n'ont généralement pas pour effet de diminuer l'ampleur des inégalités des demandes des familles selon leur origine sociale (à résultats égaux, les enfants d'origine modeste formulent des choix scolaires moins ambitieux que les enfants d'origine aisée). Au cours de la procédure d'orientation (vœux des parents, position du conseil de classe, « dialogue » entre les parties prenantes, décision finale), les écarts de souhaits d'orientation entre les différentes catégories socioprofessionnelles tendent en fait à se cristalliser. Par exemple, à compétence égale, l'autosélection des lycéennes pour le passage en première scientifique ne fait pas l'objet de révision à la baisse au cours de la phase de dialogue et au moment du conseil de classe (Baudelot et Establet, 1992).

Cependant, certains professeurs n'adhèrent pas aux explications habituellement avancées par les enseignants pour justifier la demande de la profession des parents. Leur propos est plus critique à l'égard de cette pratique usuelle des professeurs :

> « Moi, je la demande (la profession des parents) pour, des fois, que ce soit une aide pour l'année, par exemple, un élève, il se peut que son père soit prof de bio à la fac, à ce moment-là, je peux essayer d'avoir des tuyaux, ça peut être une aide pour la classe (...). Je justifie ça comme ça maintenant du côté des élèves. Enfin, ça c'est le côté le plus sain, mais il y a peut-être un côté malsain... un petit peu de curiosité, pour savoir si tel parent a une grosse profession » (professeur certifié de sciences naturelles).

Cet enseignant considère que son explication a, en partie, un statut de justification *ad hoc,* destinée essentiellement aux élèves. La justification n'a pas besoin d'être totalement vraie pour l'enquêté pour être acceptée comme vraisemblable par les élèves. Le professeur conçoit finalement que la demande de la profession des parents recouvre une autre démarche éventuellement qualifiée de « malsaine ». La connaissance des « grosses professions » constitue en fait un enjeu essentiel de la fiche de renseignements demandée par les professeurs.

Le repérage des « grosses professions »

Les expressions « grosses professions » ou « professions importantes » employées par les enseignants renvoient essentiellement, dans les discours, à une hiérarchie culturelle des professions qui ne correspond pas forcément à la hiérarchie des revenus. Une des raisons essentielles de la demande de la profession des parents tient à une perception professorale des positions socioprofessionnelles qui attribue de l'intérêt à un nombre limité d'origines sociales. Il importe peu, tout compte fait, que la mère de celui-ci soit « technicienne de surface » et le père de celle-là employé communal, agent hospitalier ou couvreur. La demande de la profession des parents renvoie à des préoccupations plus précises et notamment à la rencontre enseignant-parent qui a souvent pour objet l'orientation de l'élève. La question sur l'origine sociale des élèves est finalement révélatrice du rapport aux parents à travers les élèves.

« Pourquoi demandez-vous la profession des parents ?

> *[long silence]* Euh, alors, c'est... c'est tout aussi, j'ai... je... je trouve que c'est plus facile lorsque l'on rencontre les parents de... de le savoir d'où ils parlent. Et en particulier, il y aurait une seule chose qui m'intéresserait, c'est les collègues enseignants [les élèves dont les parents sont enseignants], parce qu'ils sont très mal à

l'aise face à nous, et par conséquent, je les mets à l'aise. C'est surtout tout cela qui me semble... les collègues enseignants ont une relation aux enseignants, je trouve que c'est très difficile en fait... c'est vrai, c'est épouvantable... en particulier, lorsqu'une maman (la mère d'un élève) a fait le devoir [...] Oh ! là là ! Il vaut mieux le savoir, c'est le genre de chose qu'il vaut mieux savoir. Par ailleurs, oui, il y a quelques professions qui sont importantes, des professions par exemple, euh... tout ceux qui sont psychologues, etc., je crois que ça explique aussi la relation que l'on peut avoir avec eux, ils parlent d'un certain lieu, qui est important à connaître, qui n'est pas le même que d'autres, ils psychologisent beaucoup le cas de leurs enfants, et donc c'est intéressant, bon de savoir, qu'ils parlent de là, et de l'accepter comme tel. J'ai envie de dire que j'ai besoin de trois-quatre éléments quand je rencontre les parents, par ailleurs, si je ne rencontrais pas les parents, je n'en aurais pas besoin » (professeur agrégé de lettres).

Cet extrait rassemble, de façon schématique, une part assez essentielle des attitudes professorales. Il est affirmé clairement qu'il y a « quelques professions qui sont importantes », ce qui signifie, non moins clairement, que la connaissance particulière de la plupart des professions est considérée comme moins ou peu importante. D'ailleurs, les enseignants qui demandent la profession des parents déclarent en ignorer la connaissance précise pour la grande majorité de leurs élèves.

La fiche de renseignements permet de repérer les professions qui ont un « lieu » spécifique de prise de parole, défini comme « intéressant », c'est-à-dire doté d'une légitimité au moins égale à celle de l'enseignant, ce qui implique d' « accepter » le discours spécifique de ce parent. Dans le discours de l'enquêté, la parole des professions peu diplômées, si tant est qu'elle ait une expression publique, n'a pas la même qualification scolaire et sociale que celle d'un psychologue ou d'un collègue enseignant, et ne donne pas légitimement droit à un « lieu » qu'il faut « accepter comme tel ».

L'inquiétude et le problème professionnel du professeur cité est d'être exposé au jugement d'un pair en notant le travail de l'enfant. Les cours de l'enseignant, sorte de propriété intellectuelle non brevetée, peuvent faire l'objet de critiques circonstanciées par un parent qui serait aussi un collègue. De façon plus générale, l'enfant, *go-between* entre l'école et la famille, favorise une « circulation des jugements » qui met en jeu et à pour enjeu l'image sociale du maître et des parents (Montandon et Perrenoud, 1987). Le pair est celui qui exerce soit le même métier (le fils d'un collègue), mais de façon élargie, tous ceux dont le statut scolaire et social, donne une sorte de droit de regard légitime sur le travail du professeur, par exemple un proviseur, un inspecteur pédagogique, un universitaire, un chercheur... Il s'agit de « parents dont il faut se méfier ». La légitimité du parent et de celle du professeur sont alors potentiellement conflictuelles[1].

L'élève en classe ne représente donc pas que lui-même. Il est le produit d'une filiation qui procure, pas forcément des droits, mais au moins une attention particulière : l'erreur de jugement peut faire l'objet d'un rapport de force entre le parent et le professeur. Quelques enseignants ont mentionné d'ailleurs des rapports conflictuels avec des parents d'élève. Ces parents sont, dans les exemples rapportés, des cadres supérieurs, et contestent de façon plus ou moins directe les appréciations ou les notes portées sur leur enfant. Certains font part de leur critique au chef d'établissement, témoignant par là de leur connaissance du fonctionnement hiérarchique du système scolaire et des moyens de pressions qu'il est possible de mettre en œuvre à l'encontre du professeur de leur enfant. De façon similaire, Beaud et Weber (1992, 76) indiquent que les « parents de milieu bourgeois ou intellectuel » mobilisent « leur connaissance de l'institution et leur réseau de sociabilité [...] pour faire pression sur le professeur récalcitrant ». De même, Caille (1992) indique que, quels que soient les résultats scolaires de l'enfant, les relations entre les parents et les enseignants restent en grande partie réglées par la plus ou moins grande distance culturelle des familles à l'école. De fait, ce sont les parents les plus diplômés qui sont les plus nombreux à prendre l'initiative d'une rencontre avec les professeurs. La rencontre des parents avec les professeurs croît aussi régulièrement avec l'augmentation des revenus du ménage (Gissot, Héran, Manon, 1994, 200).

L'autorité professorale est d'autant plus assurée que les parents de l'élève disposent de peu de légitimité. En ce sens, la demande de la profession des parents est notamment le produit de cette intériorisation plus ou moins implicite de rapports de force et de concurrence d'autorité par rapport à l'enfant. L'exemple extrême est celui de ce professeur qui indique sur son cahier de notes, à côté du nom de chaque élève, la profession de chaque père. Il s'agit d'une illustration caricaturale du poids de la filiation et de la concurrence d'autorité entre parent et

1. Dans l'entretien précité (professeur agrégé de lettres), le conflit demeure latent et se traduit par une certaine incohérence des propos. Ainsi, la connaissance de la profession des parents est justifiée pour mettre à l'aise les parents enseignants « mal à l'aise » lors de la rencontre parents-professeur. Cependant, dans l'exemple rapporté par le locuteur, la situation gênante est vécue, non par les parents, mais par le professeur (« situation épouvantable » de noter un devoir à la maison écrit par un collègue) et n'a pas de rapport avec la rencontre avec les parents qui justifie pourtant, dans le discours, la nécessité de connaître la profession des parents des élèves...

enseignant qui en résulte. Un seul enseignant fait directement référence à ces rapports de force à l'égard des parents-professeurs pour justifier de la demande de la profession des parents :

> « Je demande (la profession des parents) pour une raison tout à fait personnelle sans doute : besoin de savoir si j'ai en face de moi, un enfant de collègue. J'ai été victime de la chose déjà, victime en ce sens où j'ai été l'objet de pressions de la part des parents, pressions diverses et diversement manifestées, mais à chaque fois, c'était un souci extrêmement pressant de la progéniture, qui se traduisait par des conseils, voire des conseils pédagogiques, qui s'autorisait de la connaissance psychologique de l'enfant en question, et qui évidemment empiétait sur toute autre chose pour tenter d'améliorer le sort de leur progéniture... » (professeur agrégé de philosophie).

Pour ce professeur, la connaissance de la profession des parents est demandée alors à titre de précaution, afin de marquer le plus tôt possible, suffisamment de distance professorale à l'égard de l'élève ou du collègue-parent présent dans l'établissement pour que toute intervention parentale soit découragée.

Afin de se prémunir de relations conflictuelles, avec un élève, avec un parent, ou via celui-ci avec le chef d'établissement, une partie des professeurs interrogés accordent implicitement à leurs élèves, en fonction de l'identité sociale et scolaire de ceux-ci, des pondérations sociales qui ne sont pas sans influence sur les évaluations ultérieures de ces élèves comme l'attestent les recherches précitées. Ces pondérations concernent surtout les élèves les plus disqualifiés socialement et ceux, d'origine sociale aisée, qui disposent de parents prêts à les défendre éventuellement, en cas de propos maladroits, de corrections difficiles à justifier, de commentaires malvenus sur les copies ou lors des délibérations des conseils de classe.

Lorsque les propositions du conseil de classe ne sont pas conformes aux demandes d'orientation formulées par l'élève, le professeur principal et le chef d'établissement doivent recevoir les parents si ceux-ci en font la demande. En cas de persistance des désaccords, les parents ont la possibilité de faire appel. C'est dire que le « dialogue » qui doit s'instaurer entre le professeur principal, le chef d'établissement et les parents de l'élève inclut la plus ou moins grande compétence parentale à défendre les qualités supposées de leur progéniture. L'enjeu pour le professeur principal et le proviseur est, en effet, de défendre les propositions du conseil de classe pour maintenir leur légitimité et d'éviter un engorgement des procédures d'appel. Cet enjeu peut favoriser l'usage d'arguments d'autorité d'autant plus aisément que les parents sont d'origine modeste.

Aux stratégies de précaution des professeurs – un surplus d'informations sur un élève ne peut pas être nuisible – correspond des stratégies de visibilité sociale des élèves. Ainsi, certains d'entre eux annoncent parfois les titres de leurs parents avec un certain détail ostentatoire (père : « professeur agrégé de médecine au CHR »). Ces élèves personnalisent d'emblée, par un effet d'annonce de l'origine, la relation pédagogique. Le professeur est face aux élèves, et à travers eux, comme par écran interposé, face aux parents. Cette constatation n'est en rien nouvelle. Dans son étude des écoles publiques du début du siècle, Jean Peneff indique que les enseignants rencontrent des difficultés avec la fraction de la bourgeoisie locale dont les fils fréquentent l'école publique :

> « La petite bourgeoisie d'affaires attache un grand prix au classement scolaire de ses enfants afin que ceux-ci l'emportent sur les enfants de cultivateurs ou de prolétaires. Ces parents souhaitent aussi un traitement spécial, une plus grande considération et un droit d'exprimer des remarques pédagogiques. La question de tenir à distance cette catégorie de pères d'élèves et de maintenir la non-ingérence dans le déroulement du travail à l'école se posait » (Peneff, 1987, 207).

Dans *Topaze,* Marcel Pagnol illustre dans un réalisme plein d'humour qui lui est familier, la forme des relations sociales qui pouvaient s'établir dans les années 1920 entre l'instituteur et certains parents d'origine aisée. Son interprétation littéraire des relations des instituteurs avec les parents de la bourgeoisie ne diffère guère de celle menée par Peneff. Des constations analogues sont faites par M. Pinçon et M. Pinçon-Charlot (1989, 99) dans leur recherche sur « les beaux quartiers parisiens » : les instituteurs de l'école primaire Charcot de Neuilly sont fortement sollicités par les parents bourgeois. Cette sollicitation s'exerce par la fréquence des rendez-vous, la demande d'une forte disponibilité de l'enseignant, la demande de cours particuliers qui se déroulent éventuellement dans l'école elle-même.

3

Le modèle de l'élève sans histoire

La préservation de l'anonymat maître-élèves

L'expression « élève sans histoire » renvoie à une perception de l'élève dont il est inutile, *a priori,* de connaître les échecs ou les réussites passés, ainsi que l'origine sociale. L'élève est « sans histoire » dans la mesure où il est appréhendé initialement comme ne devant pas poser de problème particulier au maître. Les professeurs qui adhèrent à cette conception de l'élève ont renoncé à la pratique de la fiche de renseignements. Ils tiennent des propos qui éclairent les modalités implicites d'évaluation associées à cette fiche.

Les enseignants qui adhèrent au modèle de l'élève sans histoire se contentent de « la liste des présents » remis par l'administration de l'établissement au début de l'année. Cette liste des présents mentionne le nom et le prénom de l'élève. Elle précise parfois le redoublement des élèves et leur statut scolaire (interne, externe, demi-pensionnaire).

Ce modèle de l'élève sans histoire rend compte de comportements professoraux marginaux et généralement réversibles. Dans le cas où l'élève ne s'avère pas correspondre au modèle défini *a priori* par l'enseignant, si l'élève a des résultats très faibles, s'avère perturber le cours, ou est très souvent absent... s'il n'est finalement pas conforme aux attentes professorales de « l'élève sans histoire », le maître qui, dans un premier temps, renonce à connaître le cursus scolaire de ses élèves et leur origine sociale, ne s'interdit pas, « en cas de difficultés », de consulter leur dossier scolaire.

La consultation ultérieure du dossier scolaire montre que l'adhésion au modèle de l'élève sans histoire n'est pas forcément exclusif des deux autres modèles (modèle du livret et modèle du dossier). La consultation du dossier a parfois lieu ultérieurement même si les élèves considérés ne posent pas de problèmes particuliers.

> « Je préfère ne pas savoir, je préfère ne pas savoir le niveau de l'élève l'année précédente. Oui, je suis sûr que j'aurais des *a priori* bons ou mauvais. Il vaut mieux ne pas le savoir. Au bout d'un trimestre, là ça m'intéresse. À ce moment-là, il m'arrive de consulter le dossier. Là ça m'intéresse, parce que là, j'ai mon propre avis, et c'est intéressant de savoir si ça correspond » (professeur certifié de mathématiques).

Les raisons de la marginalité de ce comportement professoral

Rares sont les professeurs qui ont renoncé à la pratique de la fiche de renseignements. La marginalité de ce comportement professoral tient essentiellement aux formes d'apprentissage de la profession enseignante. Le rôle des pairs est déterminant dans la connaissance des codes implicites du métier. Au cours de la première année, le professeur stagiaire est suivi par un conseiller pédagogique qui assure en quelque sorte le rôle assumé naguère par le maître auprès du compagnon. Les formes majoritaires de la relation aux élèves, et l'habitude de la fiche de renseignements, sont en partie transmises par cette voie.

> « Quand j'étais stagiaire, la personne qui était notre responsable pédagogique, il commençait par nous demander, quand il y avait un problème avec une élève, ce que faisaient les parents » (professeur certifié d'informatique).

Les professeurs sont aussi d'anciens élèves qui au cours de leur scolarisation ont rempli ce type de fiche de renseignements. Le professeur stagiaire sollicite d'autant plus facilement auprès de ses élèves un certain nombre d'informations que l'habitude a été acquise, en tant qu'élève, de délivrer des informations sur soi.

> « La profession des parents, je l'ai demandée la première année par habitude. Par habitude, parce que pendant toute ma scolarité, tous les ans, tous les profs nous demandaient ce que faisaient nos parents, etc. J'étais rentrée dans un système d'habitude » *(ibid.)*.

Le propos est significatif de l'intériorisation des comportements professoraux bien avant la première heure de cours passée face aux élèves. Deux formes cohérentes de socialisation, celle de l'élève et celle du professeur stagiaire, renforcent mutuellement leurs effets et permettent de comprendre la marginalité du modèle de « l'élève sans histoire ». Cette marginalité tire aussi son origine du fait que des renseignements sur chaque élève sont usuellement disponibles auprès des conseillers principaux d'éducation et de l'administration de chaque établissement. En fait, la collecte d'informations sur l'élève est généralement perçue, dans l'institution éducative, comme totalement légitime au même titre, d'ailleurs, que la collecte d'informations extra-médicales par le médecin généraliste ou le spécialiste.

De façon plus générale, « connaître ses élèves », leur parcours scolaire et leur milieu social, est couramment perçu par les chefs d'établissement comme un indice de conscience professionnelle et d'implication personnelle du professeur. Les fiches de renseignements sur l'élève constituent un élément de faire-valoir professionnel, un moyen au service d'une image de professeur compétent et consciencieux, non sans rapport avec les profits symboliques et matériels qu'il est possible d'en tirer : la note « administrative » donnée par le proviseur de l'établissement (note qui complète la note pédagogique de l'Inspecteur pédagogique) distingue de façon substantielle les rythmes d'avancement. Contrairement à une idée souvent répandue, la carrière des enseignants du second degré n'est pas du tout égalitaire et l'évaluation de leur compétence se traduit par des différences substantielles de revenus au cours de leur carrière[1].

Ainsi, il ne faut pas s'étonner que la quasi-totalité des professeurs interrogés ont fait remplir, au début de leur carrière d'enseignant, une fiche de renseignements à leurs élèves. Un tel comportement professoral s'avère totalement en accord avec le modèle du « bon professeur », avec la construction institutionnelle d'un modèle de l'élève qui, à partir de la constitution patiente, de l'école primaire à la classe terminale, d'un dossier personnalisé, accrédite, en permanence, l'idée d'une certaine continuité du jugement professoral et la nécessité scolaire d'identifier socialement chaque élève.

La fonction du dossier de l'élève n'est pas sans rappeler, en fait, la fonction d'identification des salariés assurée naguère par le livret

1. Sur l'ensemble de la carrière, la différence de revenus entre les professeurs certifiés ayant l'avancement le plus lent (« à l'ancienneté ») et ceux ayant l'avancement le plus rapide (« au grand choix »), dépassent les 40 000 €.

ouvrier (Germe, 1983). Après la suppression du livret ouvrier, les entreprises ont pu avoir recours, pour gérer leur flux de main d'œuvre, à des fichiers du personnel (Peneff, 1993). Ces fichiers sont analogues, *mutatis mutandis,* aux dossiers scolaires. L'histoire des embauches successives a pour équivalent celle du cursus scolaire et des changements éventuels d'établissements.

Les fondements du modèle de l'élève sans histoire

L'abandon par les professeurs de la fiche de renseignements sur l'élève ne doit rien au hasard. Elle résulte d'une démarche réflexive, d'une rupture avec les comportements dominants d'une profession.

Le professeur qui renonce à une fiche de renseignements sur chacun de ses élèves a parfois vécu péniblement dans son passé d'élève, cette demande incessante d'informations et notamment celle relative à la profession de ses parents, que celle-ci fut modeste ou éventuellement aisée. Dans les deux cas, l'ex-élève devenu professeur, s'est senti stigmatisé, un peu en dehors de la norme commune, et mettait d'ailleurs en œuvre des stratégies de désinformation à l'égard de la stratégie d'information du maître, tel ce professeur dont le père était inspecteur des impôts et qui indiquait, lorsqu'il était sur les bancs de l'école, que son père était « fonctionnaire » par crainte de remarques désobligeantes.

La déclaration de la profession des parents par l'élève contient potentiellement une stratégie de contre-information, une sorte de mensonge par omission, qui témoigne de l'enjeu pour l'élève de la présentation de soi, en raison des stéréotypes et informations variés qui sont associés ordinairement à chaque situation socioprofessionnelle. Tout comme un certain nombre d'indices permet le repérage ordinaire du milieu social, la connaissance de celui-ci par le professeur permet d'en inférer grossièrement un ensemble d'informations ou d'intuitions sur les chances de réussite scolaire, les relations familiales, la richesse matérielle, les pratiques culturelles, les dispositions éthiques, les opinions politiques... La profession des parents est souvent perçue par les professeurs comme une information synthétique et minimum sur l'élève :

« Maintenant, je demande le minimum : nom, date de naissance, adresse, profession des parents, et puis en terminale, ce qu'ils veulent faire plus tard. Avant, je demandais plus de choses : nombre de frères et sœurs, longueur du trajet, etc. Et puis, je me suis aperçue que je n'en tenais pas compte » (professeur certifiée de physique).

Pour l'élève, la déclaration de la profession de ses parents à ses professeurs constitue une sorte d'épreuve où se joue la grandeur relative des êtres (Desrosières et Thévenot, 2002), et cette situation d'interrogation contraint la déclaration de l'élève. Il a été montré que les personnes déclarent leur profession différemment selon les situations d'enquête (Kramarz, 1991). Dans les années 1950, être cheminot dans une association sportive dans un pays de gueules noires est une fierté. On représentait un métier et une tradition. L'école, comme toutes les institutions, a produit des hiérarchies qui lui sont propres. Les agrégés sont « au-dessus » des certifiés et, dans la même logique, les professions diplômées sont plus valorisées que les autres. Le professeur, ex-élève, qui se souvient de sa crainte du stigmate, opère donc une rupture avec le modèle professoral dominant de recherche d'informations. Il renonce dès lors volontairement à un avantage situationnel qu'il peut, dans l'institution scolaire, légitimement se procurer à l'égard de « ses » élèves. Dans l'entretien, la justification de cette rupture peut s'élaborer, par exemple, lorsque le professeur, par l'intermédiaire de ses enfants, imagine la situation éventuellement vécue par les élèves interrogés par le maître :

> « J'ai été très choquée, quand j'ai inscrit mes enfants à l'école maternelle, on a demandé la profession des parents. Je voulais pas, mais j'ai pas pu ne pas le dire. Nous, on est professeur-ingénieur, on va pas nous emmerder à la limite, mais un enfant qui est fils d'ouvrier, qui est fils d'ouvrier toute sa vie, il est quelquefois, par certaines personnes, un peu mis à l'écart, moi je suis pas d'accord. Je suis pour la démocratisation de l'enseignement » (professeur d'informatique).

L'argumentation développée part d'une situation personnelle et du profit tiré directement de statuts sociaux reconnus (« professeur-ingénieur, on va pas nous emmerder »), pour déboucher, par symétrie, sur la position stigmatisante du « fils d'ouvrier toute sa vie », et le préjudice scolaire qui peut en découler. Ce type de sensibilité sociale et politique, reliant anonymat de chacun à l'égalité de tous, non étranger pourtant à un discours syndical dominant en faveur de la démocratisation de l'école, constitue une opinion rarement exprimée explicitement. L'enquêté est d'ailleurs non syndiqué et catholique pratiquant.

Outre le fait de ne pas demander une origine sociale susceptible de mettre en difficulté les élèves d'origine populaire, la justification avancée le plus fréquemment par les professeurs qui ont renoncé à la fiche de renseignements sur l'élève est celle de l'indépendance de leur jugement. Le professeur adhère à une définition stricte de son rôle. Or la transmission des connaissances n'exige en aucune façon de connaître l'histoire scolaire et l'origine sociale de l'élève. Ces informations ne peuvent que favoriser l'émergence d'une image de l'élève qui ne serait pas produite uniquement par son attitude en classe et ses résultats scolaires.

> « Je ne la demande plus (la profession de parents), c'est que j'ai dû me rendre compte que la profession des parents, était un moyen de cataloguer les gens un peu » (professeur agrégé de mathématiques).

De la même façon, la connaissance du niveau antérieur de l'élève est perçue comme susceptible de créer des « *a priori* bons ou mauvais ». Très clairement, les professeurs qui ne font plus remplir de fiches de renseignements relient cette pratique de préservation de l'anonymat maître-élève à la nécessité de limiter d'éventuelles inégalités d'évaluation produites par les informations personnelles détenues sur les élèves et recueillies auprès d'eux au début de l'année.

Il faut noter qu'un certain nombre de professeurs, qui ne demandent pas ou peu, voire pas du tout, de renseignements à leurs élèves, n'adhèrent cependant pas au modèle de l'élève sans histoire. Sensibles aux stratégies de camouflage éventuelles des élèves ou aux stéréotypes associés aux appellations professionnelles, ces professeurs sont surtout intéressés par la rencontre avec les parents.

> « Ce qui compte, au-delà des déterminations sociologiques (...) c'est surtout le climat, l'atmosphère de la famille qui me paraît, bien qu'elle ne soit pas sans lien avec ces déterminations, le plus important » (professeur stagiaire de français, expérience antérieure de maître auxiliaire dans des collèges « difficiles »).

Cette dissociation entre origine sociale et climat familial ou style éducatif des parents n'est pas dénuée de pertinence sociologique (Kellerhals, 1992 ; Lahire, 1995).

À l'opposé de la minorité des enseignants qui ne cherchent pas à disposer d'informations sur leurs élèves, une large majorité des professeurs, par la constance de leur demande de fiches de renseignements, manifeste une sensibilité certaine au cursus scolaire et à l'identité sociale de leurs élèves appréhendés individuellement et collectivement.

L'histoire scolaire et sociale de l'élève infiltre le déroulement des interactions à l'intérieur de la classe et trouble l'évaluation des élèves. La connaissance des significations subjectives que les professeurs accordent aux informations qu'ils collectent sur leurs fiches de renseignements apporte une explication possible aux erreurs systématiques de notation existant entre les compétences des élèves mesurées de façon standardisée et les notes de leurs professeurs (Duru Bellat et Mingat, 1993). L'étude des modalités d'évaluation des élèves dans le quotidien de la classe précise ce premier constat.

DEUXIÈME PARTIE

LA NOTATION DANS LE QUOTIDIEN DE LA CLASSE

Dans le quotidien de la classe, la notation est traditionnellement associée à l'application stricte d'un barème ou à la mise en œuvre d'une expertise jugée globalement fiable.

La réalité sociale de l'évaluation des performances des élèves qui aboutit à la fabrication de chaque note et des moyennes trimestrielles et, *in fine,* à la décision de redoublement ou de passage dans la classe supérieure, est en fait beaucoup plus complexe. Elle relève d'arrangements des plus variés faisant l'objet de négociations implicites et explicites avec les élèves.

4

La recherche d'arrangements

Le terme d'arrangement associé à celui de notation peut surprendre. La notation résulte de l'évaluation d'une compétence réalisée par une personne dont la légitimité est assurée par un diplôme. Très généralement, le professeur, expert en notation, réalise de façon solitaire son activité d'évaluateur. À l'opposé, l'arrangement se réalise à partir d'une négociation entre deux ou plusieurs personnes qui opèrent une transaction à l'amiable au profit des parties prenantes. L'arrangement et l'évaluation sont donc *a priori* des formes antinomiques de l'action sociale.

Pourtant, l'ensemble des propos tenus par les professeurs indique que leur notation ne répond que formellement à la définition usuelle d'application d'un barème. En cherchant à saisir « de l'intérieur » comment se passe l'attribution des notes dans une classe, une perception bien particulière de la notation émerge et, au sens large, le terme d'arrangement est celui qui convient le mieux. Pour nommer ces pratiques de notation, Perrenoud (1984) avait eu d'ailleurs recours aux termes de bricolage et de manipulations... Pour certains professeurs interrogés, la notation relève d'ailleurs explicitement d'une « stratégie » ou d'une « négociation ».

Les termes de stratégie et négociation auraient pu éventuellement convenir. Cependant, aucun de ces deux termes ne renvoie à toutes les situations présentées par les professeurs. Le terme stratégie a des significations trop diverses, comporte des intentions parfois étrangères aux enseignants. Celui de négociation est, en un sens, plus approprié. Il évoque « l'ordre négocié » si présent dans les pratiques sociales pour les sociologues interactionnistes (Goffman, 1974). À bien des égards, les interprétations avancées se situent dans cette perspective. Cependant, tout n'est pas négocié ; alors que d'une façon ou d'une autre, tout est « arrangé », ou comme l'indique la riche synonymie du terme : mis en ordre, aménagé, organisé... L'arrangement relève de l'accord, du compromis, de la conciliation aussi. Le recours au terme d'arrangement, déjà privilégié dans le cadre d'une sociologie des établissements scolaires (Derouet, 1988), est apparu être le seul à convenir aux situations générales et aux cas spécifiques. Ainsi, en l'absence de négociation avec les élèves, un enseignant peut procéder à des arrangements sur les notes en quelque sorte « pour soi », parce que tel comportement d'évaluation s'inscrit dans son histoire personnelle et s'impose comme une exigence. Dans ce cas de figure, il ne s'agit ni d'une stratégie, ni d'une négociation.

Élèves et maître sont plusieurs heures par semaine, et généralement pendant une année, dans l'impossibilité d'échapper à un face à face qui les engage dans une relation obligée. Cette relation est productrice d'ajustements, de concessions et de négociations des personnes en présence. La note n'est pas seulement une mesure des compétences. Elle est aussi une médiation entre des professeurs et des élèves nommément connus et identifiés. Les uns et les autres sont en quelque sorte prisonniers d'une situation imposant des tentatives de domination et de subversion, au fondement de sanctions et de « fraternisation » avec les élèves (Rayou et Van Zanten, 2004). Dès le début de leur carrière, la plupart des enseignants perçoivent que les relations de personne à personne imposées par l'espace social de la classe structurent l'interaction maître-élèves notamment lors de l'évaluation des prestations de leurs élèves.

> « Anonymement, c'est facile de mettre 3 ou 4, mais quand on connaît l'élève, qu'on sait qu'il est pas con, il faut la rendre la copie » (professeur certifié de français).

L'analyse des pratiques de notation permet de montrer que celles-ci, loin d'être des mesures automatiques du « niveau » des élèves, sont, de façon variable, le produit de stratégies et de contraintes spécifiques : proportion des élèves des deux sexes dans la classe, âge moyen, pourcentage de redoublants, origine socioprofessionnelle, discipline enseignée, niveaux de compétences, type d'établissement, etc. L'analyse a pour objet de montrer comment ces contextes scolaires sont en relation avec des processus de fabrication de la note fondés sur différents types d'arrangement.

L'arrangement des notes : principe et types

Principe de l'arrangement des notes

La gestion de la classe est traditionnellement la difficulté majeure rencontrée par les enseignants en début de carrière. Toutes les recherches et sondages menés auprès des professeurs aboutissent à ce résultat. L'arrangement est directement lié à la nécessité de la mise en ordre de la classe, à la maîtrise des conflits maître-élèves. Les modalités les plus contestables d'arrangements des notes ont été supprimées en juillet 2001. Par voie de circulaire, le ministère a rappelé que la note ne peut absolument pas être utilisée pour maintenir l'ordre scolaire. Le zéro pour « mauvaise conduite » est strictement interdit tout comme une baisse de notes pour sanctionner une agitation en classe. Désormais, les notes sont censées mesurer uniquement les savoirs disciplinaires des élèves.

Cependant, ceux-ci chahutent encore leurs professeurs. Le recours à des arrangements sur les notes est un détournement du moyen d'évaluer en un moyen de punir et de récompenser. Les arrangements tiennent notamment au fait que les sanctions externes, tout particulièrement les retenues, et de façon moindre l'envoi en permanence constituent des sanctions peu légitimes dans certains établissements scolaires. Le professeur est soupçonné de ne pas « tenir sa classe ».

Avec l'apparition du chahut anomique, décrit par Testanière (1967), chahut touchant de façon relativement indifférenciée toutes les disciplines et n'étant plus réservé aux meneurs des chahuts traditionnels, le système de punition s'est révélé incapable, sous peine de blocages, de traiter toute l'agitation scolaire. Les professeurs furent peu à peu indirectement invités à limiter l'envoi des élèves au conseiller principal d'éducation. Dès lors, le maître cherche à échapper à l'agitation grâce à la mise en œuvre de compétences relationnelles (Barrère, 2002). Les modalités de notation font aussi partie de l'arsenal pédagogique au service du contrôle de la classe. L'interrogation surprise peut relever de ce registre de la sanction des comportements scolaires non souhaités (agitation, inattention, bavardage, chahut). Ce type de contrôle débouche fréquemment sur de mauvaises notes. Il constitue parfois une sanction déguisée qui intervient après un cours où quelques élèves ont été particulièrement inattentifs. Cette pratique a des effets potentiellement négatifs en termes de motivation car les élèves non chahuteurs sont, en quelque sorte, sanctionnés comme les autres. L'arrangement des notes mis en œuvre par les professeurs expérimentés a pour objet de parvenir à des résultats strictement inverses.

En classe de seconde, un professeur de mathématiques a l'habitude de ne comptabiliser, sur les n contrôles attribués au cours d'un trimestre, que $(n-1)$ contrôles. Il s'agit d'un accord entre le maître et les élèves. Cet arrangement professoral permet aux élèves de faire disparaître leur plus mauvaise performance. Elle contribue fortement à renforcer la légitimité de l'enseignant. Celui-ci en tire d'ailleurs une certaine popularité auprès de ses élèves. Ils apprécient d'avoir en quelque sorte un droit à l'erreur et de bénéficier d'un contrôle qui « ne compte pas » alors même que le professeur en assure la correction.

A contrario, lorsque le professeur décide de ne pas comptabiliser dans la moyenne trimestrielle un contrôle qui s'est avéré « trop facile », en quelque sorte trop bien réussi par une majorité d'élèves, la contestation des élèves est générale. Les règles du jeu évaluatif n'autorisent pas qu'un tel contrôle ne contribue pas à mesurer leur valeur scolaire. L'autorité du professeur en sort affaiblie.

L'arrangement doit être perçu par les élèves comme une chance, une possibilité de se racheter, voire de sortir « gagnant ». L'élève doit avoir le sentiment d'avoir obtenu une compensation eu égard à sa situation antérieure. Le principe de l'arrangement tient au fait que le professeur, dans l'exercice de son rôle d'entraîneur, sait assouplir la rigueur du professeur-arbitre. L'arrangement réside notamment dans les connivences que le professeur peut entretenir avec ses élèves sur la difficulté du prochain contrôle, les notes qu'il pourrait comptabiliser ou non (le cas des devoirs à la maison par exemple), les pondérations qu'il envisage, la liberté qu'il pourrait prendre éventuellement à l'égard de son barème afin d'accorder plus de points aux questions faciles...

Arrangements internes et arrangements externes à la classe

L'arrangement sur les notes, inhérent au processus de fabrication des notes, comprend deux modalités principales. La première est à usage interne, destinée directement aux élèves et reste quasi secrète. L'élève n'ira pas dire à ses parents ou à ses camarades, que sa moyenne de mathématiques devrait être moindre que ce qu'elle est, si le professeur avait comptabilisé dans sa moyenne tous les contrôles réalisés, ou si les pondérations des devoirs lui avaient été moins favorables... Cet arrangement des notes à usage interne est mis en œuvre de façon très variable par les professeurs. Il contribue à façonner l'autorité symbolique du professeur. Il est aussi une des modalités de la restauration de celle-ci en cas de contestation.

La deuxième modalité de l'arrangement des notes est à usage externe. Il est destiné à l'administration de l'établissement, aux parents voire aux collègues. Il s'agit de présenter une moyenne et une distribution de notes conformes à la norme de notation dominante distinguant clairement les meilleurs élèves des plus faibles. Pour Antibi (2003), cette norme constitue une « constante macabre ». La réalité scolaire est plus complexe.

Il existe une grande diversité de normes de notation. Elles dépendent de la discipline, de la section d'enseignement, de l'établissement et même de l'académie. Ces normes sont parfois contraignantes si bien que l'arrangement à usage externe peut commander les arrangements des notes à usage interne. Si les devoirs ont été particulièrement bien réussis par les élèves, le professeur se sent parfois obligé de confectionner un contrôle difficile de façon à faire baisser la moyenne de ses notes pour que celles-ci soient conformes aux normes de sa discipline ou de l'établissement. Dans le cas de devoirs difficiles, collectivement « ratés » par les élèves, le professeur dispose d'une marge de manœuvre dans ses évaluations futures, d'une possibilité d'arrangement interne qui semble totalement négociée pour les élèves alors que l'objectif de cette négociation est commandé par des considérations externes, notamment la nécessité d'une moyenne pas trop basse. Une classe jugée « bonne » ou « très bonne » dans l'établissement en raison des résultats obtenus par la majorité des professeurs ne peut avoir des résultats déplorables dans une seule discipline. L'arrangement évaluatif consistera alors en une diminution du coefficient du devoir collectivement « raté », ou à l'augmentation du coefficient d'un devoir mieux réussi, ou à l'ajout d'un contrôle « facile » qui remontera l'ensemble de la moyenne de la classe...

La maîtrise des arrangements des notes résulte d'une expérience professorale acquise parfois dans la douleur. Par exemple, un professeur de mathématiques, très favorable à la politique de développement des filières scientifiques, avait en classe de seconde multiplié les contrôles tout à fait abordables par une grande majorité d'élèves pour soutenir la motivation et encourager les vocations scientifiques. Finalement, ces contrôles se sont révélés *a posteriori* « trop faciles », si bien que la proportion d'élèves à pouvoir prétendre à une première scientifique était devenue tout à fait excessive par rapport aux normes en vigueur et aux règles d'équité. Les élèves de cette classe de seconde allaient être manifestement favorisées pour le passage en première scientifique par rapport aux élèves des autres classes.

Pour rétablir un niveau de sélection ordinaire, ce professeur de mathématiques a augmenté sensiblement le coefficient d'un devoir peu réussi. Lors du conseil de classe, l'intervention contestataire d'un délégué des élèves a constitué une remise en cause de l'honnêteté évaluative de l'enseignant d'autant plus dérangeante pour le proviseur et les délégués-parents que le professeur de mathématiques a une voix prédominante pour le passage en première scientifique. Ni le proviseur qui préside le conseil de classe, ni les autres professeurs présents, ne sont venus au secours de ce professeur qui en dévoilant un secret de fabrication de la note (le coefficient accordé à chaque devoir) jetait une suspicion publique sur la neutralité de la notation de chaque professeur.

Cet exemple montre tout ce qu'une évaluation considérée comme réussie parvient à cacher. Le correcteur doit présenter ses notes aux élèves comme relevant de l'arrangement « positif » plutôt que de l'arrangement « négatif » conformément à un vieux principe pédagogique : « N'infligez jamais des punitions collectives, mais instituez des récompenses collectives » (Cadenal, 1954, 61).

La conscience professorale des arrangements évaluatifs

Les arrangements sur les notes constituent généralement des stratégies explicites de la part du professeur. La négociation des conditions de notation doit inciter au travail, permettre d'obtenir le calme en classe et de « se faire respecter ». Cependant, le professeur peut agir sans prendre tout à fait conscience des arrangements évaluatifs auxquels il a recours alors même que des règles de notation sont *a priori* clairement définies par le correcteur.

> « Si par exemple, j'ai des classes très faibles, je peux avoir certaines exigences au début de l'année que j'abandonne petit à petit, au fur et à mesure, et je deviens plus indulgente. Si je sais que j'ai des classes très faibles, je suis obligée, pour ne pas décourager complètement les élèves, de baisser en fait le barème, enfin baisser... donner de meilleures notes aux élèves, sinon ils se découragent complètement, ils ne font plus rien du tout. »
>
> « *Les élèves contestent-ils leur note ?*
>
> Oui, ça arrive, quand des élèves, en comparant leurs feuilles, n'obtiennent pas la même note alors qu'ils ont mis la même chose. Ce sont souvent des étour-

deries de ma part, parce que en cours de route, j'oublie le barème et puis je mets un point de plus, ça arrive. Pour la même question, parfois, je vais avoir mis un point et demi, et puis après deux points et demi, parce que tout d'un coup, en cours de route, je vais donner plus d'importance, en définitive, à certains aspects de la question « (professeur certifié de physique).

Le propos recueilli pose la question du statut de l'étourderie professorale : oubli du barème, appliqué pourtant à la correction de chaque copie ? ou modification du barème en accordant « plus d'importance, en définitive, à certains aspects de la question » ? Le professeur lui-même semble hésiter sur l'interprétation de la variabilité de sa notation. Cette situation a été parfaitement perçue par Émile Durkheim : « Le maître habile sait faire ce qu'il faut, sans pouvoir toujours dire les raisons qui justifient les procédés qu'il emploie » (Durkheim, 1922, 78).

En fait, la modification du barème relève aussi bien de la stratégie évaluative plus ou moins consciente que de la contrainte pédagogique. L'enquête n'éclaire pas l'effet du contexte de correction susceptible d'expliquer la modification du barème de correction : la moyenne des notes allait-elle être trop basse ? Le risque d'un découragement des élèves existait-il ? L'autorité pédagogique de l'enseignant face à sa classe pouvait-elle éventuellement être remise en question par une trop grande sévérité du professeur-arbitre ?

Si la fabrication de la note dépend d'arrangements internes à la classe et d'arrangements externes liés aux caractéristiques socioscolaires de l'établissement, cette fabrication des notes dépend aussi d'arrangements par rapport à soi, liés à l'histoire du professeur.

L'arrangement par rapport à soi

L'arrangement des notes s'inscrit dans un contexte scolaire et dans des relations particulières avec les élèves d'une classe donnée. Il dépend aussi de l'histoire du correcteur.

« Très franchement, j'ai l'impression que j'ai tendance à noter un petit peu large. Je crois que mes collègues, assez souvent, noteraient plus sévèrement. En conseil de classe, par exemple, je suis souvent la meilleure moyenne, avec les profs de LV2 (langue vivante 2). J'essaie de corriger ça actuellement (...). En fait, je suis exigeant au départ, et puis, au moment de mettre la note, et bien, j'ai tendance à gonfler un petit peu, je rajoute un demi-point à une question. Et puis, quand j'ai un paquet de copies, et que je vois qu'ils ne réussissent pas (...) alors je vais me trouver avec une moyenne autour de 9. Moi, je ne peux pas souffrir une moyenne comme ça. Alors dans mes dernières copies, j'ai tendance à noter plus large, et souvent je vais avoir des 12 et des 13 plus que j'en avais au début de mon paquet.

Et ça, il y a rien à faire, il faut absolument que je fasse ça. Sauf peut-être dernièrement où ça va un peu mieux. Mais il y a eu une période où pour ne pas rendre des notes trop catastrophiques... » (professeur de sciences naturelles).

L'arrangement par rapport à soi est une sorte de contrainte morale qui s'impose au correcteur. Le professeur cité ci-dessus sait fort bien qu'il est à la limite de la norme de notation par rapport à ses collègues de sciences naturelles, et que ses moyennes sont plus proches de celles attribuées par les professeurs de langues vivantes...

Toutefois, bien que cet enseignant perçoive presque sa façon de noter comme une sorte d'état pathologique nécessitant « correction », son comportement évaluatif demeure stable, marqué par l'impossibilité de respecter la norme du groupe. L'expression « je suis souvent la meilleure moyenne » témoigne tout à la fois de l'identification forte du professeur à « ses » notes comme propriété intrinsèque et de la perception de son écart par rapport à la norme. Cette relation personnelle de l'enseignant à ses notes témoigne des contraintes fortes qui pèsent sur le professeur arbitre.

Ce comportement spécifique de notation s'explique, pour partie, par les contraintes pédagogiques telles qu'elles s'expriment par la nécessité d'affronter la classe lors de la distribution de mauvaises notes (« Il y a eu une période où pour ne pas rendre des notes trop catastrophiques... »). Un tel comportement évaluatif est lié aussi à l'histoire personnelle de l'enquêté, à des engagements politiques particuliers (ce professeur est un ancien soixante huitard), à une origine sociale spécifique (fils d'ouvrier qui doit sa promotion sociale à l'école). Tous ces facteurs interviennent de façon conjointe dans ce moment particulier de la notation des copies. La copie de l'élève d'origine modeste est aussi le lycéen qu'il a été ; le correcteur qu'il est aujourd'hui, est aussi l'ex-manifestant contre l'école sélective... La notation du professeur engage son histoire scolaire, quasi intime envers l'école, et plus généralement un rapport plus ou moins contestataire ou serein à l'égard des hiérarchies de savoirs, de revenus et de prestige.

La copie de l'élève n'est donc jamais une copie en soi. Elle représente le rapport singulier du correcteur à la note, notamment une médiation entre le professeur et son passé d'élève, et aussi une médiation entre lui et l'élève présent physiquement dans la classe. La note d'une copie est aussi un élément de la moyenne globale d'une classe. À tous ces titres, la notation est susceptible d'arrangements plus ou moins conscients. Ainsi, pour « sauver » le niveau global de la classe, le correcteur peut, de façon très explicite, modifier son barème de notation en cours de correction afin d'assurer une sorte de justice collective qui émergerait de l'attribution d'une moyenne de la classe convenable (supérieure à 9/20). Un arrangement sur les notes, productif d'une discrimination arbitraire des élèves, peut alors s'avérer « absolument » nécessaire. Cet arrangement évaluatif est en quelque sorte aveugle à l'égard de chaque copie et chaque élève.

Seulement quelques-uns des professeurs enquêtés mentionnent explicitement ce comportement très spécifique de notation. Il ne faut pas cependant en déduire que cette situation est forcément exceptionnelle. Faire part de sa « cuisine » évaluative et partager ses doutes nécessitent de dévoiler les limites de son propre jugement. Cette mise en cause professionnelle ne constitue pas une démarche ordinaire...

Exemples d'arrangements évaluatifs

L'arrangement comme modalité de sanction et de gratification

Au début du XIXe siècle, Émile Durkheim indiquait qu'il « se produit dans une classe des phénomènes de contagion, de démoralisation collective, de surexcitation mutuelle, d'effervescence salutaire, qu'il faut discerner afin de prévenir ou de combattre les uns, d'utiliser les autres » (Durkheim, 1992, 89). L'arrangement des notes est une façon de sanctionner et de gratifier les élèves, de « combattre les uns, d'utiliser les autres ». Interrogés sur l'impartialité de leurs évaluations à l'égard des élèves chahuteurs ou attentifs en classe, les enseignants ont tenu trois types de discours.

Un premier est attaché à l'idée d'indépendance des notes à l'égard des comportements de l'élève en classe. Un second discours est marqué par la reconnaissance de l'influence du comportement de l'élève à l'égard de la notation de ses devoirs. « Évidemment je vais dire non [que je ne suis pas influencé] mais l'honnêteté commande de dire oui » (professeur d'espagnol). L'espérance d'impartialité n'exclut pas la partialité. Ces professeurs reconnaissent l'existence d'une influence inconsciente, jugée inévitable. Enfin, dans d'autres propos, moins fréquents, la notation est revendiquée comme étant directement et logiquement influencée par le comportement scolaire de l'élève et en rapport avec l'image studieuse ou non de celui-ci.

> « Ça peut jouer pas mal l'attitude de l'élève, oui ça peut jouer sur trois quatre points, je pense. Mais ils sont prévenus de toute façon, je les préviens au début de l'année : je tiens compte du travail. Qu'est ce que ça veut dire le travail, ça veut

> dire ce que l'on peut constater en cours, matériellement, et puis bien sûr ce qui est dans la copie, mais tout compte, et ils le savent dès le départ. Ils ne sont pas pris en traîtres. Parce que je crois vraiment que l'élève qui s'intéresse, qui fait l'effort en cours de parler, de discuter, même si dans sa copie il y a des confusions, cette confusion je vais l'interpréter comme une richesse, alors que si c'est quelqu'un qui est tout le temps au fond de la classe et qui fait gnian-gnian comme ça (imitation), je vais plutôt interpréter cette confusion comme quelque chose qui est l'effet d'une négligence, et alors c'est vrai que là il y a une part de subjectivité [...]. Disons que je considère qu'une notation, c'est pas fait seulement pour dire quelque chose par rapport à la copie elle-même, c'est fait aussi pour guider l'élève par rapport à ce qu'il est en train de faire ou de ne pas faire » (professeure contractuelle en philosophie).

Ce propos semble quelque peu extrême par rapport aux autres discours recueillis. En fait, il ne fait qu'expliciter des intentions professorales présentes en filigrane dans plusieurs entretiens. La notation d'une copie renvoie aussi à l'évaluation du comportement de l'élève en classe. Un tel constat ne s'applique qu'aux élèves qui ont, dans la classe, des images spécifiques, connotées positivement ou négativement. De telles images aboutissent à des lectures particulières des copies et construisent la faute du « bon élève » comme une « étourderie » éventuellement pardonnable, et l'erreur de l'élève chahuteur comme relevant d'une certaine logique scolaire. Cette influence du comportement de l'élève est présente également dans les disciplines utilisant un barème précis de notation.

> « Oui, sûrement, c'est sûr que le comportement en classe intervient. Quelqu'un qui est toujours en retard, qui n'est pas attentif, sûrement que lorsque j'aborderai sa copie, j'aurai déjà un *a priori*, je pense que ça peut jouer sur la note. Dans la mesure où on établit un barème très précis, on essaie de réduire ce genre d'erreur possible, mais je crois que l'on ne la réduit pas totalement même avec un barème. Ca peut jouer, je dirai comme ça, de deux à trois points (...). Sur les bons élèves, enfin sur les élèves que l'on sait bons, je pense que l'on lira beaucoup plus rapidement la copie. À la limite, il y aura peut-être une erreur, mais on ne l'aura pas vue parce que l'on sait *a priori* que celui-là il doit savoir » (professeur certifié d'informatique).

Sans faire toujours une analyse aussi fine des incertitudes du jugement professoral et du pouvoir de gratification et de sanction de la note, d'autres enseignants partagent les mêmes intuitions. « Moi, j'ai un petit barème pour noter les élèves. Mais, j'ai un mal fou à rester dans mon barème quand j'ai un petit faible pour l'élève » (professeur certifié d'anglais).

L'utilisation d'un barème de correction ne prémunit pas le professeur de l'affectivité de la relation maître-élève. Cette lecture avantageuse de la copie dont les « bons élèves », ou les élèves aux comportements jugés « agréables » peuvent bénéficier, a pour contrepartie une lecture plus méfiante à l'égard de la copie des élèves peu attentifs et chahuteurs. Quelques professeurs, quelle que soit leur discipline, considèrent que la correction des copies des élèves chahuteurs est plus « épluchée ». Le correcteur se montre « plus exigeant », « plus pinailleur », « plus attentif » avec des élèves qui ont montré moins d'attention en classe.

Une enquête sur des lycéens scolarisés en classe de première (Merle, 1993) a mis en évidence des comportements très différents des élèves selon le sexe et la discipline. Les filles déclarent fréquemment chercher à se faire « bien voir » en français, en première S, notamment en déclarant bavarder peu ou jamais. De telles préoccupations sont tout à fait étrangères aux déclarations d'une majorité de garçons. Ce comportement très spécifique des filles est associé à une notation pendant l'année supérieure, pour une majorité d'entre elles, à la notation obtenue aux épreuves anticipées de français. À l'inverse, la notation des garçons est, pour une majorité d'entre eux, supérieure au baccalauréat par rapport à celle obtenue pendant l'année. La sur-notation des filles est statistiquement liée à leurs comportements spécifiques en classe tels qu'ils sont saisis par leurs déclarations, et la sous-notation des garçons peut être reliée à leur indifférence affichée à l'égard de leur professeur de français et de cette discipline.

L'attitude des filles en français leur apporte une récompense appréhendée en termes d'évaluation plus favorable. Plus généralement, en cherchant à se faire bien voir, les élèves cherchent plus ou moins consciemment à infléchir l'évaluation du professeur. « L'élève qui vient demander des explications sur sa copie, c'est l'élève inquiet, c'est l'élève sérieux, consciencieux » (professeur certifié de mathématiques). La notation est une modalité de sanction et de gratification des comportements scolaires jugés inadaptés ou bienvenus. Elle est aussi une stratégie de prise en main de la classe.

L'arrangement comme « stratégie de prise de la classe »

Dès la première rencontre, une préoccupation professorale centrale est l'imposition d'un ordre scolaire minimum sans lequel aucun enseignement n'est possible. Il s'agit pour le maître de contrôler au mieux cette première relation, point de départ d'une longue série d'interactions avec les élèves. Celles-ci s'organisent selon une logique décrite depuis longtemps :

> « Il ne faut pas les laisser prendre l'avantage, sinon on est fichu. Ainsi je démarre brutalement. Le jour où je prends une nouvelle classe, je leur montre qui est le patron » (Goffamn, 1973, 20).

La fiche de renseignements à remplir par les élèves s'insère dans ce cadre de maîtrise par le professeur de l'interaction maître-élève. L'obligation réglementaire de l'évaluation et l'intérêt que les élèves, dans leur majorité, accordent à leurs notes constituent des leviers stratégiques pour contrôler cette interaction. Les professeurs, lorsqu'ils ont été interrogés sur les objectifs recherchés lors de l'évaluation des copies de leurs élèves, ont fait souvent référence à cette dimension stratégique de la notation.

> « À mon avis, l'évaluation, ça fait partie d'une stratégie pédagogique de début d'année, au moment de la prise en main de la classe. Je crois que l'évaluation fait partie de ma stratégie de prise de la classe (...). Quand, je dis stratégie, il n'y a pas que ça (...). Le premier devoir, avant de me permettre de critiquer et de juger, je le fais. Je dissèque une dissert que j'ai rédigée de ma main, de façon à en montrer la technique, la méthode, et je crois que ça fait partie de cette stratégie-là (...). Je prends toujours la comparaison sportive de l'arbitre et de l'entraîneur. Pendant l'année, je vais être l'entraîneur chargé de préparer pour le jour J, mais en même temps, lorsque je prends le crayon rouge, c'est une autre vue, c'est l'arbitrage (...). J'ai remarqué une chose : chaque fois que je donne un petit coup de pouce (avant un devoir), ça passe. Je cible bien le sujet ou je fais une petite préparation en classe. Et bien, je vais trouver une proportion de réussite, au dessus de la moyenne, pour deux élèves sur trois. Si je laisse en totale autonomie, je vais même pas arriver à un sur trois. Finalement, c'est peu de chose. Parfois, il suffit d'un quart d'heure de discussion » (professeur agrégé de grammaire).

La prise de parole est suscitée chez l'interviewé sur le thème de l'évaluation et la réponse est construite sur le thème de la stratégie, de « la prise en main de la classe », voire plus explicitement, en utilisant une métaphore quasi guerrière, d'une « stratégie de prise de la classe » comme s'il s'agissait d'une forteresse.

Un premier aspect de la stratégie du maître est de se présenter comme entraîneur : montrer son savoir, sa technique, sa maîtrise des connaissances que l'élève cherche à conquérir. Le professeur présente une image du « bon professeur » compétent et efficace. L'objectif recherché par l'enseignant est de devenir une sorte de « guide » de « ses » élèves. Plusieurs professeurs font référence à ce rôle d'entraîneur : « Ce n'est qu'en terminale qu'ils comprennent qu'on est là pour les aider » (professeur de sciences naturelles). Grâce aux épreuves du baccalauréat, le professeur devient un initiateur bienveillant qui fournit patiemment des clés, en apprend le maniement et offre la perspective du salut. Il devient un allié contre l'examinateur menaçant du baccalauréat.

Le rôle du professeur entraîneur est complété par la mise en scène d'un rôle de juge-arbitre. Dans ce second rôle, l'enseignant assure pleinement sa tâche traditionnelle de contrôle des connaissances de l'élève, et ne s'autorise *a priori* aucune faiblesse. Il existe une note méritée, correspondant aux notes généralement mises dans la discipline. Cependant cette intransigeance de l'arbitre – qui résulte de la rigueur des critères de jugement en vigueur – n'est pas pédagogiquement toujours possible vis-à-vis des élèves. Si les notes attribuées à un devoir sont particulièrement faibles, le professeur-arbitre est confronté à deux difficultés : les réactions de déception voire de contestation des élèves et sa relative contre-performance de professeur-entraîneur. L'enseignant est dans la nécessité de reconquérir une légitimité que l'arbitre, juste et sévère, retire continuellement à l'entraîneur.

La notation des élèves met en péril deux légitimités à la fois solidaires entre elles et menacées en permanence l'une par l'autre : celle de l'arbitre, sévère, aux exigences élevées trahissant trop souvent les espoirs des élèves ; celle de l'entraîneur qui faillit à sa tâche, puisque les notes ne s'améliorent pas suffisamment. Le professeur est donc bien souvent dans une situation de double contrainte : la sévérité de l'arbitre, tout à la fois, rend crédible la nécessité impérieuse du recours à l'entraîneur, mais indique aussi les limites de sa présence au côté de l'élève.

Certes, le double rôle d'entraîneur et de juge-arbitre permet au maître de maintenir l'autorité de sa parole. Après que l'arbitre ait rendu son verdict, ait signalé en rouge l'erreur inadmissible, l'entraîneur, tout en confirmant le jugement de l'arbitre, peut apaiser les déceptions. Cependant, une telle démarche d'apaisement, voire d'explications, ne supprime pas forcément les contestations des élèves ou la montée du découragement et de l'apathie. En cas d'échec généralisé des élèves à un contrôle, afin de maintenir son autorité pédagogique, le professeur peut alors jouer un double jeu plus subtil et désavouer l'arbitre : « le contrôle était effectivement trop difficile », « mal adapté au niveau des connaissances », « noté avec un barème trop sévère ».

Ce désaveu de l'arbitre doit rester très occasionnel. L'objectif poursuivi est celui d'une réparation symbolique de l'autorité de l'entraîneur. Mais cette réparation s'effectue en l'occurrence à un coût élevé. Faire endosser à l'arbitre, qui confectionne les contrôles, une erreur manifeste d'appréciation entre ce qui a été dit en cours par l'entraîneur et ce qui a été demandé aux élèves en contrôle, revient à entacher l'autorité pédagogique globale du maître qui joue les deux rôles et le double jeu.

Le double jeu ne fonctionne en tant que tel que si le professeur ne cherche pas trop à faire croire que cette dualité des rôles est véritable : le meneur du jeu qui se met en scène publiquement dans les rôles d'arbitre et d'entraîneur ne peut pas disparaître derrière le rideau et chercher à faire croire que sa mise en scène n'est pas un jeu, et qu'arbitre et entraîneur ne sont pas de connivence. Dans le jeu du double jeu, l'indépendance non contestable de l'arbitre et la sûreté de son jugement impliquent qu'il n'a qu'exceptionnellement le droit à l'erreur afin de préserver toute l'efficacité pédagogique de son rôle d'entraîneur. Le double jeu du maître permet toutefois de survivre à quelques ratages patents d'évaluation et ouvre le chemin d'une négociation entre le professeur et les élèves sur les notes prises en compte dans la moyenne trimestrielle, les pondérations des contrôles, l'existence d'exercices facultatifs pour « remonter » les moyennes... La séparation fictive de l'entraîneur et de l'arbitre ouvre une zone de négociations et de marchandage entre élèves et enseignant.

Le double jeu professoral, tout en étant une mise en scène, procure un surplus de légitimité : l'entraîneur par ses conseils avisés sur le prochain contrôle – et pour cause ! – entretient l'idée de la neutralité de l'arbitre, et peut ainsi, par quelques informations judicieusement apportées, ou refusées, à la totalité de la classe ou éventuellement à quelques élèves particuliers qui viennent le solliciter à la fin du cours, influencer sensiblement le niveau de réussite « objectif » de ses élèves. L'arbitre authentifie ultérieurement la vérité de la réussite. Ce double jeu permet, selon les circonstances, d'initier les élèves à la connivence et à l'arrangement : « Parfois, il suffit d'un quart d'heure de discussions... je vais trouver une proportion de réussite, au dessus de la moyenne, pour deux élèves sur trois. Si je laisse en totale autonomie, je vais même pas arriver à un sur trois. » Le double jeu d'entraîneur et d'arbitre sanctionne l'élève qui souhaiterait se passer de la présence tutélaire et bienveillante de l'entraîneur : autonome, l'élève est désarmé face à l'arbitre. Le retour à la première métaphore guerrière s'impose : l'évaluation est effectivement une « stratégie de prise de la classe ».

Construire une progression fictive de l'élève

Dans les entretiens, les modalités de la notation des élèves sont présentées simultanément comme des stratégies et des contraintes.

« Si possible, si j'ai la possibilité de le faire, j'envisage une notation plus thérapeutique pour certains, quand ils méritent d'être encouragés. Aussi, j'essaie que la courbe des notes soit ascendante, et si possible, non descendante. C'est une question de stratégie. C'est presque stratégique, au niveau de la notation. Je suis pour, au départ, leur fournir des signes d'avertissement, qui sont ceux d'appliquer une notation très dure, rigide, sans concessions, de façon à pouvoir m'offrir un jeu, qui me permettra effectivement de les encourager à persévérer (...). Alors, je peux avoir le droit à des réflexions du style "vous saquez". Mais je préfère saquer au départ. Il faut les éduquer d'une certaine façon, et cette éducation passe par la notation, c'est assez déplorable... La plupart du temps, ils sont très sensibles aux notes, donc je suis obligée d'exercer des moyens de pression par la notation, donc la fluctuation si possible dans le sens de la hausse... de façon à ce qu'ils aient une idée de progression » (professeur contractuel de français).

La notation est, de façon éminemment pratique, un élément central de l'autorité pédagogique du maître face à ses élèves. La note est d'abord clairement définie comme une activité professorale discriminatoire : la notation est « thérapeutique », mais pour « certains » élèves seulement. Par ailleurs, tous les élèves ne méritent pas d'être encouragés. Cette stratégie de notation, discriminatoire et « ascendante », est très clairement située dans le cadre de la relation du maître face à l'ensemble des élèves. Il s'agit pour le professeur de conserver et de préserver le plus longtemps possible le capital d'influence que constitue le pouvoir de sanctions et de gratification apporté par la notation. Ce capital subit en effet une usure accélérée en cas d'utilisation trop intense :

« Il m'arrive de monter jusqu'à 17-18, avec une seule chose, c'est la précaution que je prends, à ce moment-là, en rendant la copie, de dire à l'élève, c'est comme ça, là ; et ça veut pas dire que tout est acquis. Et je me rends compte des effets très néfastes des très bonnes notes, c'est très curieux, ça n'a pas un effet positif, ça a un effet démobilisateur » (professeur agrégé de lettres).

La bonne note est clairement construite dans ce discours professoral comme le produit d'un accident. La très bonne note est une sorte de concession professorale risquée. L'élève ne doit pas en tirer une reconnaissance certaine de son excellence scolaire afin que la relation pédagogique puisse survivre dans ce qu'elle impose de séparation des rôles. Celui du maître qui détient les clés de l'excellence qu'il a mission d'enseigner, celui de l'élève qui progresse vers la perfection, sans jamais, par définition, devoir atteindre son but dans son statut d'élève et tout particulièrement au début d'année ! Il s'agit donc, pour certains professeurs, de construire un plan de progression artificiel des résultats écrits de l'élève afin de garder sur lui l'autorité symbolique nécessaire à la pérennité du rapport éducatif, indissociable de la mission éducative.

De façon parfois explicite, cet arrangement évaluatif est perçu, non comme un choix personnel, mais comme un produit de la situation de l'enseignant face à ses élèves ou, autrement dit comme un moyen de pression incontournable (« Je suis obligée d'exercer des moyens de pression par la notation »). Cette stratégie de progressivité de la note ne relève pas seulement d'une nécessité pédagogique envers les élèves. Un des professeurs interrogés, débutant, rapportait ainsi une confidence éclairante de son chef d'établissement : « Le bon prof, c'est celui qui commence avec des notes basses, et finit l'année avec des notes au dessus de la moyenne. Il peut ainsi dire que ses élèves ont bien progressé. » En ce sens, la construction d'une progression trimestrielle des notes des élèves est un arrangement sur les notes qui participe à une stratégie de faire-valoir professionnel. La finalité de l'arrangement sur les notes, interne à la classe, procure aussi des profits externes à celle-ci.

La fabrication d'une échelle de notes

L'évaluateur cherche à éviter constamment deux écueils, quasi indépendants du niveau des copies corrigées. D'une part, les notes très faibles, proches de zéro qui, consacrant la nullité scolaire de l'élève, provoquent le désenchantement et la perte d'une adhésion scolaire minimum. D'autre part, mais de façon moins marquée, l'attribution d'excellentes notes (proches de 20) qui limitent également l'autorité du maître, dans la mesure où l'élève a le sentiment de maîtriser totalement les règles de l'excellence que seul le professeur est en droit de détenir s'il veut maintenir son autorité pédagogique sur les élèves. Pour éviter ces deux écueils, le professeur doit fabriquer une échelle de notes, fixer un minimum et un maximum, différent du zéro et du vingt. « Mon échelle de note ? 17 à 3. Je dis ça en plaisantant aux élèves : 20, c'est la perfection, cela n'existe pas. 19, c'est les écrivains. 18, c'est moi, 17 c'est vous » (professeur de lettres). La stratégie de la progression s'insère dans une définition d'une échelle de notes liée à une hiérarchie des compétences.

Sur la question des échelles de notation, les professeurs des matières dites scientifiques (mathématiques, physique, sciences naturelles), ayant recours de façon consensuelle à des barèmes de notation très codifiés, déclarent, dans leur grande majorité, utiliser toute l'étendue des notes possibles. La réponse à la question de l'échelle de notes semble relever de l'évidence : en sciences, il est possible de réussir parfaitement, d'avoir 20 sur 20, mais aussi de ne rien comprendre à un problème, et donc d'avoir zéro. « C'est bon ou c'est pas bon », est une expression classique des élèves à l'égard de la notation en mathématiques et elle reflète de façon fidèle leur représentation de la notation dans cette discipline (Merle, 1993).

L'observation des pratiques de notation des professeurs des disciplines scientifiques réfute l'application de ce principe d'utilisation totale de l'échelle de notation. Leurs moyennes trimestrielles par élève excluent généralement les extrêmes. Chaque contrôle veille, par quelques questions faciles, à procurer deux ou trois points, voire parfois bien davantage, aux élèves en difficulté. « Je ne mets pas zéro, un élève ne peut pas ne rien savoir » (professeur de mathématiques). De même, à l'autre pôle de la compétence scolaire, celui de l'excellence, le 20 sur 20, associé par tradition à la prestation parfaite, de type spécifiquement professoral, est rarement attribué : les 18, 19, voire 19 et demi sont nettement préférés. « Mon échelle de note : 0 à 20. Enfin, je sais pas : 19,5 » (professeur certifié de physique). Ce demi-point qui fait curieusement défaut à la réussite totale a une dimension symbolique.

L'essentiel tient à l'exclusion des notes extrêmes. Pour l'élève en difficulté scolaire, sa moyenne faible, mais toutefois non nulle, lui indique qu'il ne faut pas totalement désespérer. La distance qui le sépare de la nullité totale (zéro de moyenne) existe et constitue la preuve d'un travail présent ou passé. Il doit garder espoir dans l'école et dans le maître ! En fait, l'attribution par le maître de quelques points à l'élève en difficulté est incontournable pour éviter au maître de se mettre en difficulté face à l'élève : la survie scolaire de l'élève est concomitante de celle du maître.

Lorsque le professeur déclare éviter les notes très faibles « pour des raisons psychologiques », « pour ne pas décourager »..., la réversibilité des arguments du professeur est significative de la réversibilité des situations du maître et de l'élève. Le professeur cherche aussi à ne pas se décourager et s'abstient de notes très basses effectivement pour des « raisons psychologiques » : la défense de son utilité scolaire et sociale et la lutte contre l'effritement narcissique de son rôle d'enseignant. L'échec total de l'élève ne peut être facilement dissocié d'une certaine responsabilité professorale.

Alors que la note est généralement appréhendée comme une mesure du niveau des élèves en rapport avec des exigences scolaires correspondant à sa classe, les propos des professeurs indiquent que la note minimum est souvent sans rapport avec les exigences les plus basses correspondant à telle ou telle classe. Les extraits d'entretien précédemment cités montrent que, pour chaque professeur, il existe une note minimale qui relève d'un choix personnel.

En contrepartie d'efforts scolaires intenses et en l'absence de résultats tangibles, les notes minimales attribuées par les professeurs ont une fonction de récompense, elles assurent le rôle du jeton de présence que perçoit de toute façon l'administrateur de société même s'il était tout à fait incompétent sur l'ordre du jour du conseil d'administration et qu'il n'est pas intervenu. Les élèves ont finalement la compétence d'être présents au cours, voire parfois, d'être attentifs ! Et il s'agit d'un premier succès de l'école et du maître. La note doit témoigner de ce premier résultat même si les connaissances restituées scolairement sont faiblement en rapport avec les attentes fixées par l'enseignant. Les notes minimales attribuées par les professeurs, quelle que soit la matière considérée ne sont donc guère liées à des compétences scolaires minimum. Cependant, aucun consensus ne se dégage sur les notes minimales qu'il faudrait attribuer aux élèves. Le plus étonnant est que ces notes sont généralement justifiées par le niveau scolaire supposé des élèves !

> « Il y a un débat entre nous. Il y a des collègues qui ne descendent pas au-dessous de cinq, certains même, c'est 6. Moi, je mets trois. Je peux te montrer, par exemple, un trois, si ça t'intéresse. Je peux te dire où je mets trois. Là, je mets trois. Deux, je mets rarement deux » (professeur agrégé de grammaire).

> « Mes notes, ça va de 5 à 16. Il y en a, pour certains, je pourrais très bien aller au-dessous, mais ça sert à rien. Pour moi, 3 ou 5, c'est pareil en Anglais. Moi, je ne vais pas en dessous de 5 par principe. Dans une production écrite, il n'y a jamais rien de bon[1]. Il y a toujours des trucs... Et puis j'ai pas envie de les décourager en mettant 2. Je vais jamais en dessous de 5. En expression, pas en dessous de 6. Mais je connais un prof qui se fixe comme note minimum 8. Moi, je suis absolument pas d'accord, parce que 8, je trouve que c'est pas nul. Donc quelqu'un à qui on met 8, mais qui en fait vaut 5, il va croire que c'est pas trop mal » (professeur stagiaire d'anglais).

La reconnaissance du caractère arbitraire d'une note minimum décidée « par principe » par tel ou tel professeur ne supprime pas forcément l'adhésion professorale à un « niveau » de l'élève. Dans le dernier extrait d'entretien, la note 5 équivaut à la nullité, par convention personnelle de l'évaluateur. Cependant, cette convention a une prétention à portée générale : un autre enseignant ne peut pas s'autoriser à

1. Le caractère alambiqué de l'expression suggère que tous les élèves pourraient avoir des notes très faibles...

mettre 8 comme note minimum, parce que cette note n'équivaut pas à la nullité. Un tel propos indique que l'arrangement évaluatif est parfois perçu comme allant de soi, relevant de l'ordre des choses évaluatives, et cependant n'entrave pas la mesure du « niveau » de l'élève (l'élève précédemment cité *« vaut »* bien 5 sur 20...). Ainsi, l'arrangement sur les notes, dans les cas où il est évoqué par les enseignants, l'est parfois de façon détournée : ce sont les autres qui éventuellement « truquent » leurs résultats, notamment en gonflant leurs notes parce qu'ils sont « démagogues » et mettent 8 à une copie qui « vaut » 5. Mais l'indulgence décriée chez les collègues ne vaut pas pour soi. Pour un enseignant dont la note minimum est 6/20, les professeurs dont les notes minimales sont 2/20 sont seulement excessivement sévères...

Les mêmes analyses valent pour les professeurs ayant recours à une notation critériée. Après avoir établi ses critères de notation, le professeur peut modifier très sensiblement ceux-ci si les contenus des copies et les critères de notation retenus ne correspondent pas. Les propos recueillis sont sur ce point convergents. La notation critériée fait également l'objet d'arrangements à la fois au niveau de la classe entière (en accordant par exemple plus de points sur un objectif d'apprentissage bien réalisé) et au niveau d'élèves en particulier jugés méritants et pour lesquels le professeur trouvera « un truc pour qu'il ait un point en plus en fonction du travail, de l'attention et tout » (professeur certifié de lettres).

L'enseignant qui a recours à la notation critériée doit également tenir compte des normes de correction en usage dans son établissement et dans sa discipline. Un élève avec une notation par critère peut très bien obtenir 20/20 sur des objectifs précis d'apprentissage, ou du moins des notes excellentes incompatibles avec les moyennes habituellement dans la discipline. Dans ce cas de figure, l'enseignant doit de nouveau trouver « un truc », par exemple des notes plus basses à certains devoirs, « pour s'en sortir par rapport aux collègues », c'est-à-dire pour que son échelle de note paraisse à peu près « normale ». Le professeur doit alors arbitrer entre deux modes d'évaluation aux exigences contraires : le respect de normes de notation dans sa discipline et l'évaluation selon des critères spécifiques de compétence. Il en résulte des « bricolages » fortement sous l'influence de contextes scolaires spécifiques.

Arrangement évaluatif et contexte scolaire

La fabrication de la note est constitutive d'un contexte scolaire toujours spécifique. Le face-à-face maître-élève n'est pas le même dans un anonyme grand lycée polyvalent de la banlieue parisienne et au renommé lycée Louis-Le-Grand. Dans ces univers clos sur eux-mêmes, les attentes des élèves et des maîtres diffèrent profondément dans leur rapport à l'école et aux savoirs (Dubet, 1991 ; van Zanten, 2001 ; Barrère, 2002 ; Rayou et van Zanten, 2004).

L'oubli de ce contexte scolaire et social infiltrant forcément toutes pratiques d'évaluation conduit à construire la notation sur le mode du modèle unique. Il y aurait des compétences scolaires propres à chaque niveau d'enseignement de la sixième à la terminale, un programme national effectivement respecté, des objectifs officiels mis en œuvre dans chaque établissement, des méthodes d'évaluation précises. Ce paradigme a été socialement efficace jusqu'au milieu des années 1980. À cette époque, une majorité de professeurs pense que la note reflète bien le niveau de l'élève dans sa classe (Barre de Miniac, 1985).

Avec la généralisation de la scolarisation complète en collège et majoritaire en lycée, ce paradigme évaluatif – programme national, objectifs officiels, évaluation identique pour tous – a considérablement perdu de sa pertinence. Ici, les élèves se découragent, sont « vraiment faibles » et les programmes sont « trop lourds » ; là, mais plus rarement, au troisième trimestre, le professeur a déjà « bouclé » son programme et débute le programme de l'année suivante... Et dans les terminales S des meilleurs lycées des centres des grandes villes, le cours de mathématiques intègre déjà une partie des notions du programme de maths sup... Dans ces cas banals, chaque acteur de l'institution scolaire sait, plus ou moins explicitement, que les pratiques de notation sont différentes.

Les modalités d'arrangements sur les notes diffèrent selon le contexte scolaire et tout particulièrement l'établissement d'exercice. Dans les lycées à recrutement majoritairement bourgeois des centres villes, dans les grands lycées d'excellence, à la clientèle richement dotée en capital financier et culturel, le corps professoral entretiendra quelques affinités avec cette clientèle lycéenne dont il aura la charge, en appartenant généralement à la fraction la plus riche en capital culturel du corps professoral (École normale supérieure, agrégation). *A contrario,* dans les lycées dits populaires, le corps professoral sera bien plus souvent composé de professeurs auxiliaires ou contractuels ayant généralement échoué au concours du CAPES.

Cette partition hiérarchisée des professeurs à l'image de la distribution socialement différenciée des publics lycéens dans les établissements explique, en partie, la connivence évaluative susceptible de s'établir entre élèves et maîtres. Dans les établissements d'excellence, la recherche de l'excellence scolaire, toujours à démontrer, justifie des notes plutôt basses qui indiquent l'effort qui reste, de toute façon, continuellement à produire. La note basse est acceptée par l'élève s'il sait qu'il appartient à l'élite scolaire. L'essentiel pour l'élève est d'éviter la relégation dans un établissement ordinaire.

Dans les lycées d'excellence, cet arrangement sur les notes est en accord avec la norme de l'établissement et reçoit généralement l'adhésion du corps professoral qui le met en œuvre, dans la mesure où est ainsi réactivée l'histoire scolaire de ces professeurs souvent issus de classes préparatoires aux notations également très basses. Ces notes particulièrement basses attribuées aux meilleurs sont indissociables de la constitution d'une élite scolaire dans la mesure où elles permettent d'assurer efficacement la fonction sélective nécessaire à l'émergence des meilleurs parmi les meilleurs : les notes très moyennes attribuées à de bons élèves ont l'avantage insigne, tout particulièrement en classe de première, d'autoriser ou non la poursuite de la scolarité dans le même établissement et donc de s'assurer d'une probabilité de réussite au baccalauréat proche ou égale à 100 %. Les palmarès prestigieux des grands lycées parisiens témoignent chaque année, dès la classe de seconde, de la constance des modalités d'arrangements des notes qui ressortent d'une sorte de tradition de ces établissements.

A contrario, dans les lycées populaires, le corps professoral doit faire face à un public lycéen déjà trop stigmatisé par la mauvaise note obtenue assez régulièrement, souvent depuis le collège, pour envisager une participation lycéenne minimum, voire seulement l'assiduité au cours, sans un minimum d'encouragement pédagogique. Les notes motivantes et stimulantes sont une nécessité scolaire. Ce constat est particulièrement net en section technologique dont le public est majoritairement d'origine modeste et s'oppose en cela au public lycéen des terminales S (scientifique), plus souvent issu de l'élite sociale (Merle, 2003). Aucune discipline n'échappe à ce processus de fabrication de la note selon le contexte, y compris les disciplines scientifiques.

> « En section technologique, c'est le type de devoir où l'on peut tout faire, et il y a des élèves qui font tout, on pourrait mettre 20. Je m'arrête souvent à 19, mais on peut aller jusqu'à 20, ça se produit. En S, ça ne se produit pas, parce que les devoirs sont beaucoup plus longs, donc ils ont toujours quelque chose à faire, et il est vraiment exceptionnel, que quelqu'un fasse tout très bien. Donc, il y a un resserrement, les notes vont de 6 à 16, 6 ça devient une mauvaise note, et au dessus de 14, c'est bon, c'est franchement bon » (professeur certifié de mathématiques, professeur en terminales technologiques et scientifiques).

L'arrangement sur les notes peut schématiquement être présenté, dans les situations extrêmes, comme une sorte de règle scolaire qui associe aux « meilleurs » élèves des « meilleurs » lycées des notes plutôt basses, rançon de l'appartenance à l'élite scolaire ; et aux élèves jugés médiocres, des notes pas trop éloignées de la moyenne. Cette incompatibilité des échelles de notation selon la section et l'établissement ne trouble pas l'ordre scolaire. Dans tous les cas, le professeur note toujours ses élèves, calcule des moyennes trimestrielles et les parents sont informés des performances scolaires de leur enfant. Tout va bien en quelque sorte dans le meilleur des mondes possibles. L'univers scolaire assure sa pérennité en jouant sur des échelles de mesure, aussi bien celle associée à la production de l'excellence scolaire que celle indissociable au maintien dans le système scolaire des élèves les plus faibles. Et chacun sait finalement à peu près à quoi s'en tenir, quelles que soient les notes obtenues... Le niveau de l'élève n'est pas connu par ses notes mais par la classe fréquentée (de la sixième à la terminale), les options recherchées (classe européenne ou non), son établissement (centre-ville au collège de banlieue), la filière de scolarisation (série scientifique ou professionnelle).

L'existence de ces arrangements sur les notes tels qu'ils émergent des discours professoraux a été démontrée par des analyses statistiques. Duru-Bellat et Mingat (1993) ont montré que, globalement, ce sont les établissements dans lesquels les élèves sont les plus faibles (leur niveau étant mesuré par des tests standardisés de compétence) où les notes attribuées par les professeurs sont les plus élevées. Et inversement.

Il serait donc erroné de croire à l'existence de barèmes applicables sans arrangements à des élèves qui auraient, en quelque sorte, la particularité de n'avoir rien de particulier : ni « excellents », ni « médiocres », ni « bons », ni « faibles »... L'évaluation ne peut être réalisée hors de catégorisations professorales et de contextes scolaires particuliers nécessitant la mise en œuvre d'arrangements évaluatifs spécifiques. L'élève type, écrivant la copie type, corrigée avec le barème et le professeur type, est une sorte de croyance scolaire : toute notation émerge d'un contexte social spécifique et résulte d'un processus de fabrication. L'importance que les professeurs accordent à l'anonymat des épreuves du baccalauréat manifeste, de façon indirecte, l'existence d'arrangements évaluatifs internes à chaque classe et chaque établissement.

L'anonymat des épreuves du baccalauréat : une garantie d'équité

Une très forte majorité de professeurs considère que l'évaluation des compétences par les épreuves du baccalauréat est plus fiable que celle réalisée pendant l'année. L'existence d'un arrangement sur les notes est admis sans détour lorsque l'enjeu mobilisé est la suppression possible du baccalauréat.

> « Le baccalauréat, c'est un gage d'une certaine objectivité. À partir du moment où ce sera un contrôle continu, là aucun problème : il y aura 100 % de réussite... au nom de la réputation du lycée ! C'est un engrenage : autonomie du lycée égale réputation de chaque lycée. Si on veut qu'un lycée ait une bonne réputation, vu comment c'est fait actuellement, puisque l'on a la liste dans *Ouest France*, avec tel lycée est numéro 1, tant de réussite, on va jouer la même carte, c'est-à-dire que l'on fait 100 % de réussite, c'est pas dur avec le contrôle continu [de donner de bonnes notes]. Il y aura une dérive de ce style qui est inévitable » (professeur agrégé de SVT).

L'apparition du contrôle continu modifierait sensiblement les relations maître-élèves. Des pressions diverses ne manqueraient pas de s'exercer sur chaque professeur de la part des lycéens et des parents défendant les chances de succès de leurs enfants, voire de proviseurs soucieux du taux de réussite de leur lycée. Chaque enseignant serait potentiellement évalué et jugé par la réussite de ses élèves sans qu'une épreuve anonyme assure le rôle d'un écran protecteur et l'effet d'une contre-expertise.

Le contrôle continu modifierait, de façon difficilement prévisible, la configuration actuelle des arrangements sur les notes précédemment cités. Les échelles de notes en classe terminale seraient forcément modifiées à la hausse à moins de réduire le pourcentage d'élèves reçus. Un contrôle continu anonyme, par échange de copies entre établissements, tel celui proposé par Prost (1985), ne supprimerait pas des arrangements évaluatifs inter-établissements dûs notamment à la connaissance nominale des correcteurs et de l'établissement d'origine des copies des élèves. Les correcteurs de certaines épreuves de BTS déplorent déjà ce système d'évaluation où sont susceptibles d'exister des règlements de comptes entre professeurs *via* les copies des candidats.

L'anonymat des épreuves du baccalauréat apporte une garantie aussi essentielle à l'élève qu'au professeur. Sur cette question de la mise en place d'un contrôle continu en classe terminale et de la suppression des épreuves du baccalauréat, les positions professorales sont quasi unanimes : le contrôle continu désignerait le professeur comme cible aux critiques potentielles des élèves et des parents. Parmi les professeurs, la liste des griefs à l'encontre du contrôle continu est particulièrement étoffée :

> « Moi, je ne serai pas contre (le contrôle continu à la place du bac), mais j'avoue que ça ne faciliterait certainement pas l'ambiance de travail au sein des classes parce que déjà qu'ils peuvent revendiquer à l'arraché leurs notes, inutile de dire qu'à chaque fois que nous serions obligés d'avoir un contrôle qui donc ferait partie de la délivrance d'un diplôme de fin d'année, les élèves seraient terribles, je dois dire que là il faudra s'armer : bon bouclier, bon casque... Ça sera terrible ! Les scènes de psychodrames seront épouvantables. Alors moi, j'avoue, les psychodrames, c'est la retraite anticipée assurée ! L'anonymat, oui ça me parait sécurisant » (contractuelle, professeur de lettres).

> « Le contrôle continu... moi, je suis plutôt réservé. Il pourrait y avoir des gros problèmes : des histoires de chantage avec les élèves, les parents d'élèves et tout le cirque. Quand on voit qu'il y a des élèves qui disent : oui, j'ai été saqué, etc. Bon, c'est pas grave, parce que le devoir ça compte pratiquement pour du beurre, enfin ça compte un peu sur le livret scolaire, je suis d'accord. Mais tu te rends compte, le jour où ça comptera pour de bon ! Et puis les parents qui vont venir : et vous n'avez mis que 8 à mon fils alors qu'avec un autre prof, il aurait eu 10, etc. Moi, je trouve que c'est la porte ouverte à de graves ennuis » (professeur agrégé de mathématiques).

Les propos tenus sont convergents. L'arrangement des notes au quotidien, celui qui permet de « tenir sa classe », de résoudre à peu près les problèmes de discipline, d'absentéisme ou de manque de travail ne pourrait que difficilement résister à la pression des enjeux, aux demandes d'évaluations plus clémentes émanant à la fois des lycéens et des parents. Les discours professoraux témoignent d'une véritable inquiétude voire parfois d'une réelle angoisse vis-à-vis de l'instauration du contrôle continu en classe terminale. La personnalisation inévitable de la relation maître-élève explique directement l'adhésion professorale à l'organisation actuelle du baccalauréat. Cette adhésion tient à un sentiment largement répandu. Dans l'actuelle organisation du bac, l'anonymat de l'élève est une façon de supprimer les effets indésirables qui résultent de la personnalisation inévitable de la relation pédagogique.

Même chez les professeurs qui se déclarent avec une quasi-certitude non influencés par l'attitude de l'élève en classe, l'anonymat des lycéens au baccalauréat leur paraît généralement relever d'une certaine logique scolaire, d'une sorte de droit de l'élève, peut-être aussi parce que ces professeurs n'accordent pas toujours à leurs collègues cette neutralité évaluative dont ils se créditent généralement : la dénonciation de « canards boiteux », « d'hurluberlus » et de « fantaisistes » dans la profession est une des manifestations d'une certaine réticence à l'égard d'une évaluation finale de l'élève qui s'émanciperait du garde-fou de l'anonymat.

> « Est-on toujours objectif ? Je ne sais pas. Et pourquoi garder l'anonymat ? Je pense que c'est une garantie d'objectivité, et puis ça peut éviter certains abus. Le poids déterminant, j'imagine, dans une classe, envers un élève qui a des difficultés relationnelles avec un professeur. Que peut-il arriver ? Il peut arriver le pire pour lui, et le contraire, quelqu'un qui serait trop bien vu, ça me gênerait » (professeur certifié de mathématiques).

Cette interrogation sur l'objectivité du jugement professoral fait directement référence à un idéal de justice scolaire qui guide le propos. Certes le professeur doit assurer un rôle de juge, mais comme dans toute procédure de jugement, la notation de l'élève exige l'impartialité, et en quelque sorte une possibilité d'appel. Celle-ci existe, en cas de redoublement, sous la forme de commissions d'appel et, en classe terminale, par l'organisation des épreuves du baccalauréat.

En matière de notation, les arrangements internes, liés au bon fonctionnement de la classe, et les arrangements externes, liés à la discipline et à l'établissement se réalisent tout particulièrement lors de négociations implicites et explicites de la note.

5

La négociation implicite et explicite de la note

La négociation de la notation par les élèves prend essentiellement deux formes différentes : implicite ou explicite. Cette typologie est adoptée par commodité. Il existe, en fait, un continuum de comportements de négociation qui va de l'implicite à l'explicite. Par définition, la négociation implicite de la notation sera celle que les acteurs en présence ne perçoivent pas directement comme telle. Si l'élève cherche globalement à se faire bien voir – s'il déclare cette attitude dans un questionnaire par exemple – ce comportement n'est pas directement relié par l'élève à une négociation de sa notation. De même, ni l'élève, ni le professeur, ne vont communément considérer que l'absentéisme chronique qui se déclare subitement après l'attribution de notes très faibles constitue une forme de contestation de la notation. Ces formes de négociations implicites participent cependant au processus de fabrication de la note.

La négociation implicite de la note

La négociation implicite de la note est le produit du face-à-face physique qui unit, nivelle et oppose tout à la fois le maître et l'élève. Cette sorte de symétrie asymétrique des situations institutionnelles des élèves et des professeurs construit des interactions où les acteurs en présence disposent d'atouts spécifiques. Les « armes » à la disposition de chacun sont différentes mais ont leur efficacité propre dans le système de relations pédagogiques institué et, en partie, re-institué en permanence par les interactants. La négociation maître-élève relève d'une appropriation personnifiée des règles du jeu scolaire dans laquelle des micro-arrangements et concessions sont perpétuellement recherchés, concédés et refusés. Ces négociations implicites constituent une dimension du *curriculum caché,* c'est-à-dire la manifestation de savoir-faire et de savoir-être non enseignés à l'école et pourtant utiles à la réussite scolaire.

Les manifestations physiques de désaccords

L'élève n'a généralement pas de légitimité pour contester publiquement la note. Le face-à-face contestataire avec le professeur est assez souvent voué à l'échec. La contestation demande aussi une capacité d'affrontement qui fait défaut à la plupart des élèves. Pour ces raisons, l'élève négocie sa valeur scolaire de façon détournée. Les manifestations physiques des élèves telles qu'elles sont observables lors de la remise des copies, doivent être construites comme des éléments d'une négociation de leur valeur scolaire. Werthman (cité par P. Woods, 1990) avait déjà observé que le sentiment d'une note non équitable peut produire des comportements de sanction envers le professeur.

La contestation d'une note jugée mauvaise prend donc des chemins détournés : manifestations de tristesse, de déception et de découragement ; déchirement ou chiffonnement public de la copie ; désinvoltures ostentatoires, bavardage et inattention soutenue lors du corrigé d'un devoir « mal noté » (attitude plus spécifiquement masculine), larmes plus ou moins discrètes de l'élève quand il prend connaissance de sa note (attitude spécifiquement féminine)... Pour expliquer ces comportements, les professeurs introduisent généralement dans leur discours, le registre de l'émotion, de la sensibilité ou de la mauvaise humeur de l'élève. Ces manifestations physiques des élèves sont susceptibles de modifier sensiblement les comportements de notation des professeurs :

> « Depuis le temps que j'enseigne, j'ai vu des tas de réactions. J'ai vu des réactions dans les grandes classes, des élèves qui chiffonnent leur copie, puis – c'est terrible – qui me regardent après pendant une heure fixement. J'ai vraiment des réactions de mauvaise humeur, et puis des réactions inverses, dépression totale. Alors maintenant, j'essaie de justifier, ça me prend du temps, j'essaie de les accrocher à la correction, ce n'est pas facile, alors on prend du temps, on prend du temps, pour corriger de façon qu'ils comprennent le corrigé, et qu'il n'y ait pas de réactions épidermiques comme ça » (professeur certifié de sciences naturelles).

Les comportements des élèves rapportés par ce professeur, appréhendés comme des réactions de « mauvaise humeur », sont des formes de pression et de défis à l'égard de l'autorité évaluative de l'enseignant. Celui-ci se sent contraint de justifier le plus possible sa notation et, à cette fin, utilise un barème précis. Ce professeur est amené, aussi, à utiliser une échelle de notation nettement plus élevée que ses collègues. En l'occurrence, ces manifestations physiques de mécontentement s'avèrent produire un bénéfice évaluatif pour l'ensemble des élèves de la classe.

Ces manifestations lycéennes ne sont pas distribuées au hasard. Certains professeurs les relient à l'enjeu conféré à la note dans certaines disciplines de certaines filières. Ainsi, la philosophie n'est pas une source de crispation pour les lycéens de terminale scientifique :

> « Je n'ai jamais observé de larmes en terminale S. Les scientifiques ne pleurent pas (rire). Je crois que l'enjeu est tout simplement moins important pour que ne se produisent pas pour eux des faits aussi extrêmes » (professeur agrégé de philosophie en terminale S).

Les manifestations des élèves sont plus fréquentes en classe de seconde, par exemple en mathématiques, classe dans laquelle cette discipline focalise l'énergie scolaire des élèves (des garçons surtout) qui désirent un passage en 1re scientifique. Les notes de français en classe de première, classe d'examen, sont construites également comme un enjeu central de la réussite et, à ce titre, favorisent l'expression physique de l'investissement scolaire des lycéens :

> « Je n'ai pas de gros cas de conflit, de contestation. Ils ne l'expriment pas. Mais sur le coup, ah oui, ça se voit sur le visage, ça se voit sur le visage » (professeur de français, classe de première).

Lorsque la déception des élèves ne prend pas la forme d'un désaccord public, elle empreinte des formes plus pacifiques (« ça se voit sur le visage »). L'élève manifeste ainsi une dissonance entre la note espérée et la note obtenue. Bien que placée sous le registre de l'émotion par le professeur, la réaction de l'élève contribue à façonner une relation personnalisée au fondement des appréciations futures qui seront portées sur lui : « élève sensible » aux remarques et aux appréciations qui lui sont faites, « bonne volonté », ou « je-m'en-foutisme ». Les réactions de l'élève participent à la construction des appréciations littérales qui accompagneront les notes sur les bulletins trimestriels.

Par ces comportements de désapprobation, l'élève met finalement plus ou moins en question les modalités de sa relation au maître, en cherchant à infiltrer les critères du jugement professoral d'une dimension affective et d'une charge émotionnelle personnalisante. Généralement, les professeurs cherchent à éviter des réactions visibles de désenchantement et sont sensibles à l'image que l'élève, par les manifestations physiques diverses précédemment décrites, présente en réponse à l'évaluation chiffrée de son travail. Les relations maître-élèves n'échappent pas aux rites de l'interaction telles qu'elles sont décrites tout particulièrement par Goffman :

> « L'effet combiné des règles d'amour propre et de considération est que, dans les rencontres, chacun tend à se conduire de façon à garder aussi bien sa propre face que celles des autres participants » (Goffman, 1974, 14).

Les larmes n'expriment pas seulement de la tristesse, un apitoiement sur soi, mais aussi un désaccord à l'égard des règles du jeu scolaire fixées par le maître. Comme dans un conflit conjugal, l'élève par l'expression larmoyante ou verbale de sa tristesse, cherche implicitement à culpabiliser le correcteur, comme si celui-ci était finalement coupable d'une mauvaise action, d'une tromperie, troublant la sérénité évaluative du couple maître-élève. Le professeur peut craindre cette perte d'image du professeur attentif et prévenant, tout particulièrement quand celui-ci déclare explicitement « fonctionner à la séduction » dans sa relation avec l'élève. Cette crainte professorale, talon d'Achille du correcteur, inscrite dans un type particulier de rapport pédagogique, peut permettre à l'élève d'obtenir une évaluation plus clémente de sa copie.

La tentative de l'élève d'infiltrer le rapport pédagogique d'une relation affective procure des profits incertains. Elle peut certes contribuer à produire un biais évaluatif en sa faveur, mais tout aussi bien se retourner contre son auteur. Les larmes profitables avec tel professeur produiront un effet pervers avec tel autre, la contestation douce sera bénéfique avec untel et nuisible avec tel autre...

> « Je perçois les larmes comme une forme d'agression, une tentative de manipulation affective, de sorte que je ne modifie pas ma manière de noter, mais que je suis certainement plus exigeant : je laisse vraisemblablement passer moins facilement des erreurs, des maladresses de la part de cet élève. On peut concevoir une plus grande vigilance de cet ordre, du fait de l'impression d'être un peu manipulé à l'affectif, ou au contraire une espèce d'émotion positive, et donc une volonté de consoler par une note un peu plus favorable » (professeur agrégé de philosophie).

Si l'affectivité de la relation maître-élève est vécue sur le mode de la défiance, l'élève « bien vu » sera noté plus sévèrement que l'élève sans image spécifique. Certains professeurs considèrent d'ailleurs qu'ils ont tendance à être plus sévères avec les élèves qu'ils estiment « bons ». Le propos est paradoxal et relève plutôt de la dénégation : les recherches en psychologie et sociologie de l'évaluation ont abouti à un résultat inverse (Merle, 1998). Les manifestations de déception et de tristesse qui attestent d'une ardente obligation scolaire, favorisent plutôt l'émergence d'un stéréotype évaluatif positif. Inversement, l'agitation scolaire, à la fois cause et conséquence de la faiblesse des notes, est une source de conflit personnel avec le professeur (Barrère, 1997) et contribue à façonner un stéréotype négatif de l'élève et une évaluation plus sévère.

Les deux manifestations physiques extrêmes des élèves – les larmes, l'agitation scolaire – ne sont pas distribuées socialement et surtout sexuellement de façon uniforme, et, en tant qu'élément d'une négociation de la note, ne produisent pas les mêmes effets évaluatifs. Felouzis, à partir d'un travail d'enquête effectué auprès de 700 collégiens observés en classe de sixième et cinquième, montre que les filles disposent de meilleures compétences interactionnelles, tout particulièrement les filles de milieu aisé. Les garçons d'origine modeste adoptent davantage des comportements scolaires réprouvés (Felouzis,1994).

Les pratiques de séduction : « se faire bien voir »

Outre des manifestations physiques de désaccord (les larmes, l'agitation en classe), l'élève peut chercher une reconnaissance de sa personne, au-delà de son statut d'élève. Les élèves relatent l'acquisition ou non de cette reconnaissance par des expressions antinomiques : être « bien vu » ou « mal vu ». Certains élèves semblent insensibles, ou peu sensibles, à cette image qu'ils donnent d'eux-mêmes à leur professeur ; d'autres y accordent manifestement une grande importance et y investissent du temps et de l'attention. Ces stratégies de séduction de la part des élèves ont été à plusieurs reprises observées (Woods, 1990 ; Felouzis, 1993 ; Merle, 1994, Perrier, 2003). Les entretiens menés auprès des professeurs indiquent que ces stratégies influencent l'évaluation chiffrée des prestations écrites.

> « Quand j'ai la copie, je peux avoir l'image de l'élève, et c'est ça qui est le plus perturbant, pour moi. Finalement, pour certaines copies, j'ai l'image en tête de l'élève que je corrige, et pas pour d'autres. Parce que bon, sur un effectif de 35 élèves multiplié par *x* classes, il y a des gens que je n'ai pas photographiés, et alors ce qui est gênant, c'est d'en avoir photographié seulement quelques-uns... Cette image-là est présente, parce qu'ils me parlent davantage... Je veux dire que ce qu'ils m'écrivent, je vois la personne, c'est un peu comme s'il y avait un dialogue qui pourrait s'établir... et alors ça personnalise davantage la copie, donc, il y a une notation qui ne va pas du tout se faire de la même façon. C'est très gênant pour ceux qui ne peuvent pas s'offrir ce facteur positif, parce que je trouve ça positif de savoir à qui j'ai affaire » (professeur agrégé de français).

Le correcteur explicite clairement une des modalités de construction d'un biais évaluatif : l'élève parvient à sortir, ou non, de l'anonymat de la classe, à obtenir une reconnaissance de son image, celle-ci étant tout aussi bien d'ordre physique que sociale. Il s'agit d'une photographie, évocation directe du visage, de l'allure et des postures de l'élève. Il s'agit, aussi, de l'image de la personne définie par une reconnaissance typiquement d'ordre social : savoir « à qui j'ai affaire ». L'évaluation est littéralement définie comme une transaction, le produit « d'un dialogue qui pourrait s'établir », et qui débouche explicitement sur « une notation qui ne va pas du tout se faire de la même façon ». Selon que l'élève aura su, ou aura pu, se faire reconnaître ou non, l'aune professorale en est virtuellement modifiée.

Ce constat n'est pas propre aux disciplines sanctionnées par une dissertation. L'espace social de la classe, et les stratégies des participants, sont agissantes quelles que soient les disciplines considérées. Les entretiens recueillis auprès de professeurs de physique ou de mathématiques en témoignent amplement.

> « Je crois que prétendre voir 35 élèves d'une classe comme des individus égaux, totalement égaux, c'est une illusion et c'est une duperie. C'est même de l'escroquerie à la limite d'ailleurs, parce que c'est pas vrai : il y a un rapport affectif avec les gens, ça me paraît incontournable, donc, s'il y a quelque chose qui peut influencer sur la note, c'est plutôt dans ce sens-là » (professeur agrégé de mathématiques).

L'aptitude des élèves à se faire bien voir n'est pas le résultat du hasard. Comme pour le recours aux larmes, la différenciation des comportements des élèves face aux professeurs est notamment en rapport avec les hiérarchies disciplinaires. Le désir de séduction est lié à des intérêts scolaires et symboliques. Ceux-ci sont au fondement du rapport à l'école, « relation de sens, et donc de valeur, entre un individu (ou un groupe) et l'école comme lieu, ensemble de situations et de personnes » (Charlot, Bautier, Rochex, 1992, 29). La personnalisation de la relation entre le maître et les élèves résulte d'une convergence d'intérêts entre le premier qui souhaite la paix scolaire et les seconds qui aspirent à la reconnaissance de leurs mérites.

La personnalisation de la relation maître-élève, ce support fort de l'investissement scolaire (Barrère, 1997 ; Merle, 2005), est une relation élective. Ce n'est que dans l'idéal de l'institution scolaire que chaque élève partage avec tous les mêmes droits dans l'univers de la classe. Cette vision irénique d'une école expurgée de toute relation d'attirance et de répulsion occulte les enjeux de désignation de l'excellence qui infiltrent les préférences individuelles du maître et de l'élève. De façon marginale, l'inclination élective du maître se portera sur l'élève notoirement médiocre, chahuteur et « casse-pieds ». La structure des inclinations professorales reflète pour l'essentiel la proximité scolaire, sociale, voire politique, de l'élève par rapport au maître. La possibilité, le droit en quelque sorte, que se reconnaît un élève de « s'offrir un facteur positif », résulte de la combinaison d'une histoire sociale et scolaire spécifique.

Relations socio-affectives maître-élèves et fabrication de la note

La dépendance de la note aux relations maître-élève a fait l'objet d'une validation statistique. Duru-Bellat et Mingat (1993) ont comparé, pour des élèves de cinquième, leurs moyennes annuelles en mathématiques et en français à des tests standardisés de compétence dans ces deux disciplines. Certains collégiens ont des résultats identiques aux tests et sont pourtant mieux notés par leurs professeurs au cours de l'année scolaire. Il existe donc des biais d'évaluation dans le jugement professoral, c'est-à-dire des erreurs systématiques d'appréciation. Ainsi, les divergences entre moyennes annuelles et résultats aux tests sont dépendantes de l'identité sociale de l'élève. C'est le cas notamment des filles. À compétence égale aux tests, celles-ci obtiennent, en moyenne, 0,78 point de plus que les garçons. Le comportement plus agité de ceux-ci et l'attitude des filles en classe davantage marquée par l'application et le « sérieux », constituent une explication parmi d'autres de cette notation plus clémente des collégiennes (Felouzis, 1994 ; Terrail, 1995).

De même, les enfants de cadres supérieurs se distinguent significativement des enfants des autres groupes sociaux. À niveau de compétences identiques aux tests, les enfants de cadres obtiennent un demi-point de plus que les enfants des autres milieux sociaux. Dans la différence de notes moyennes entre enfants de cadres et les autres, soit 2,2 points, un demi-point provient de ce qu'il est convenu d'appeler « un biais social » d'évaluation. Dans cette recherche, près du quart de la différence de compétence disciplinaire entre enfants de cadres et les autres collégiens est imputable à une évaluation professorale plus clémente. Ou du moins, le professeur intègre dans sa notation des « aptitudes » scolaires qui ne résultent pas strictement de la compétence écrite mais qui relèveraient, par exemple, de comportements valorisés tels que la participation en classe.

Le « facteur positif » dont disposent certains élèves est d'autant plus facilement obtenu que le niveau de réussite scolaire de l'élève est élevé. Cependant, le milieu social d'origine exerce une influence spécifique sur la reconnaissance personnelle accordée par le professeur. Gilly et Farioli (1976) constatent qu'il existe des attributs de l'élève (expression verbale, beauté, propreté corporelle) pour lesquels les élèves d'origine aisée sont toujours mieux décrits, en moyenne, que ceux d'origine sociale modeste, quel que soit le niveau de réussite scolaire des élèves considérés. De façon plus centrale encore, l'influence du milieu social de l'élève discrimine sensiblement les élèves de niveau scolaire moyen. Dans cette catégorie, les enfants d'origine sociale aisée sont mieux décrits que ceux d'origine sociale modeste dans 22 des 26 descripteurs de la personne de l'élève retenus dans cette recherche (les descripteurs de l'élève sur lesquels les professeurs étaient invités à se prononcer étaient notamment : intelligence, confiance en soi, imagination, attention, expression verbale, mémoire...).

Le statut social de l'élève exerce des effets atténués dans deux situations extrêmes. En cas de réussite scolaire éclatante, le stéréotype positif dont l'élève d'origine aisée bénéficie est partagé avec celui de l'élève d'origine modeste de même niveau scolaire. Dans le cas d'échec scolaire patent, l'origine sociale aisée protège peu, voire plus du tout d'un jugement négatif. Mais, dans les situations intermédiaires, correspondant aux situations de réussite scolaire moyenne, statistiquement les plus fréquentes, le statut social assure une protection efficace contre le jugement négatif du maître.

Trouver la bonne distance, être à la bonne place

Comme en témoignent les notations plus favorables dont bénéficient les collégiennes et lycéennes, le jugement professoral n'est pas indépendant des rapports de sexe qui préexistent à la relation pédagogique. Quelques professeurs femmes font état, par exemple, des incertitudes relatives à la définition automatique d'une distance normalisée avec une partie de leur public masculin. La distance – celle qui va de soi et qui va sans dire – fait l'objet de transgressions et de relations conflictuelles qui participent à la construction scolaire de l'élève « mal vu ».

> « C'est vrai que tu as des élèves qui sont épouvantables aussi, ça arrive : j'avais une classe, il y avait deux mecs, un jour à l'inter-cours, j'étais seule avec eux parce que les autres étaient sortis, et il y en a un qui a dit en rigolant à son copain : "on se la coince". Des mecs comme ça, aucune pitié. Je crois qu'il n'a pas mesuré la dis-

tance à laquelle je tenais. Pour lui dans sa tête, ça n'était même pas insultant, parce que c'est comme ça qu'il doit traiter les filles par ailleurs, mais je m'en fous, je n'ai pas non plus une pitié infinie pour ces pauvres petits enfants d'ouvriers » (professeur femme, philosophie).

A contrario de cette répulsion produite par des rapports de sexe marqués par la transgression des normes usuelles de sociabilité inter-sexe, certains professeurs mentionnent le caractère heureux de la rencontre avec l'élève et témoignent ainsi du biais évaluatif potentiel produit par le jeu d'identifications sexuelles narcissiques.

« J'ai de bonnes élèves, j'ai trois petites gamines qui ont vraiment une tête d'ange, qui sont vraiment..., qui sont adorables, qui sont bosseuses, qui répondent, qui connaissent plein de trucs. Et c'est sûr que quand j'arrive à leur copie, j'ai un préjugé positif, et je le sens. Alors quelquefois, je me dis, oh là là ! Est-ce que tu ne l'as pas surnotée ? Alors je prends la copie d'un élève moyen et je compare, il m'arrive d'enlever des points, 0,5 point parfois » (professeur femme, certifiée stagiaire en lettres).

Les études statistiques sur la fiabilité des notes (Merle, 1998) montrent qu'un stéréotype positif sur un élève peut lui faire « gagner » plusieurs points lors de la correction de sa copie, si bien que la révision de la correction réalisée par ce professeur produit un effet relativement insignifiant. Ces deux extraits d'entretiens exemplifient pleinement les expressions de bonne distance et de bonne place. La bonne distance, mieux maîtrisée par les filles, procure de la reconnaissance professorale, et un avantage évaluatif. Inversement, l'établissement d'une « mauvaise » distance est source au mieux d'indifférence, au pire, d'antipathie.

Les attitudes des filles à l'école, davantage centrées sur l'élaboration d'une image positive de soi, tirent toute leur efficacité de l'attente enseignante qu'elles comblent en partie, et qui surgit dans l'interrogation professorale : « À qui j'ai affaire ? » Cette image de l'élève est d'abord, dès le premier « contact » du début d'année, d'ordre strictement spatial, produite par l'élève qui recherche avec constance la distance physique minimale à l'égard du maître en se plaçant généralement au premier rang. Cette stratégie de la bonne distance est en relation directe avec des interactions spécifiques avec le professeur : les élèves des premiers rangs prennent davantage la parole et sont également davantage interrogés (Felouzis, 1994).

À la question professorale « à qui j'ai affaire ? », certains élèves apportent dès la première heure de cours une réponse non équivoque par l'occupation de la bonne place, source d'une image positive. De tels comportements, et la reconnaissance nominale et physique qu'ils permettent, favorisent déjà une évaluation bienveillante et l'émergence d'un cercle vertueux dans les relations maître-élèves. Brophy et Good (1990) ont mis en évidence que les maîtres laissent plus de temps aux élèves jugés « bons » pour répondre à leurs questions. Chaikin, Sigler et Derlega (cité par Landsheere et Delchambre, 1979) ont aussi constaté que les maîtres se rapprochent plus souvent des bons élèves que des autres, les regardent plus souvent, les encouragent de la tête au début de leurs réponses, et leur sourient plus fréquemment. Lorsque la correction des devoirs de l'élève n'est pas anonyme, l'élève « bien vu » en classe, a donc effectivement toutes les chances de bénéficier d'un transfert de sa visibilité à la copie qu'il rend à son professeur.

Un tel constat indique tout le handicap des élèves qui ont une sorte de stratégie du disparaître, une inclination ostentatoire à n'être pas vu, comme si, se représentant dans une situation similaire à celui du voleur, ces élèves conformaient leur conduite à l'adage : « pas vu, pas pris ». L'élève sans image rassemble effectivement ces deux spécificités : « pas vu » puisque ses nom et prénom sont inconnus par ses professeurs parfois jusqu'à la fin de l'année, et « pas pris » par l'école, au sens politique d'une absence manifeste d'engagement. L'élève non visible n'est en effet pas exposé aux risques et aux exigences de la participation orale. Les questions embarrassantes sont aussi beaucoup plus facilement évitées. Cette présentation de l'élève sans image n'est pas équivalente à celle de l'élève qui ne participe pas. Parmi ceux-ci, les « bons » élèves, aux « bons » résultats, sont très généralement tout à fait identifiés et visualisés par leurs enseignants malgré leur mutisme.

Dans son étude sur l'école primaire, Sirota (1988) a repéré des réseaux de relations formelles et informelles qui régissent les interactions en classe et les modes d'inscription des élèves à l'intérieur de ses réseaux notamment selon leur origine sociale. L'apathie, l'attente, le repli singularisent plus particulièrement les enfants d'origine populaire dont les comportements dominants vont à l'encontre des attentes des maîtres. Pour le professeur, le visage inconnu constitue une information manquante dans sa quête de connaissance de l'élève et une forme d'incomplétude scolaire.

Les attentes professorales sont notamment en rapport avec des modes ou idéologies scolaires. Il en est ainsi d'une partie des didactiques dites nouvelles, fondées sur l'expression orale et une plus grande autonomie de l'élève. Celles-ci permettent aux meilleurs élèves – notamment ceux d'origine aisée plus habitués par leur éducation familiale à l'expression publique – de se détacher du groupe classe et d'élaborer plus aisément des stratégies de mise en valeur de soi. Le conformisme, stratégie scolaire usuelle, devient alors de plus en plus condamnable (Perrenoud, 1988). Les pratiques didactiques majoritairement adoptées par les maîtres, et les attentes comportementales qui y sont associées, favorisent une reconnaissance visuelle et personnelle des meilleurs élèves et contribuent à l'élaboration d'un jugement professoral plus favorable.

Les recherches et analyses présentées ci-dessus montrent l'intérêt de l'analyse de Bernstein selon laquelle « La *bonne* attitude peut être définie comme l'adéquation entre les attitudes de l'élève et l'idéologie en vigueur ». Bernstein indique aussi, à juste titre, que « la pédagogie » et « l'appréciation » (des élèves) sont dépendantes l'une de l'autre (Bernstein, 1975, 264).

Les formes de la négociation implicite de la note reposent sur des manifestations physiques de désaccord, des stratégies de séduction et l'aptitude sociale à trouver la bonne distance qui ont pour effet de personnaliser la relation maître-élève. La personnalisation des interactions à l'intérieur de la classe est partie intégrante du processus de fabrication de la note. Ce processus de fabrication n'est pas seulement dépendant de négociations implicites, c'est-à-dire de manières d'être qui n'ont pas pour objet direct la recherche d'un bénéfice évaluatif. Des formes explicites de négociation exercent également un effet majeur sur la fabrication de la note.

La négociation explicite de la note

La fabrication de la note résulte de tractations complexes à replacer dans des interactions maître-élèves aux formes diverses. À la négociation implicite s'ajoutent éventuellement des négociations explicites qui se manifestent notamment par la contestation directe de la notation professorale ou par des demandes incessantes de justification de la note.

Ces négociations ne sont pas propres aux élèves : elles sont également présentes dans l'enseignement supérieur (Le Bart, Merle, 1997). Elles s'opèrent soit collectivement, par l'intermédiaire éventuellement des délégués-élèves, soit individuellement. Cette négociation s'organise à partir d'un certain nombre de motifs qui rendent scolairement possibles cette démarche de contestation de la notation.

Travail scolaire et demande de note minimum

Lors de la remise de la copie, les élèves disposent d'un moyen légitime de revendication : le discours même du professeur relatif aux conditions de la réussite. Le « manque de travail » constitue, en effet, un des principes usuels d'explication professorale de l'échec scolaire bien que les recherches ont montré l'absence de relations statistiques entre temps de travail et niveau de réussite scolaire (Caille, 1993). Cette antienne professorale du « manque de travail » produit les conditions de la contestation des élèves puisque l'allongement de la durée de leur temps de travail ne leur assure pas, loin s'en faut, une reconnaissance scolaire supérieure.

> « J'aime que lorsque l'élève reçoit sa copie, il ait une impression de justice, une note qu'il sache apprécier en fonction du travail qu'il a rendu et non pas fourni, parce qu'il y a une différence : ils ont tendance à vouloir qu'on note le temps mis. Ils intègrent le temps à faire un travail dans leur notation, alors que moi, pas du tout (...). Quand ils protestent sur une note, ils me sortent comme argument : "oui mais, j'ai passé beaucoup de temps", et alors moi je leur dis : oui, mais moi, je n'intègre pas dans ma note le temps passé mais le résultat » (professeur de français).

Or, à un autre moment de l'entretien, ce professeur considère que « le manque de travail » est une des explications des faibles résultats des élèves. Pour l'élève, l'enjeu est de définir des règles du jeu évaluatif qu'il peut maîtriser. Il souhaite disposer d'une unité de mesure de la valeur de la copie afin de pouvoir la faire valoir auprès du maître. Cette unité de mesure s'appuie légitimement sur le temps de travail puisque le professeur y fait directement référence dans ses appréciations littérales sur les copies et le bulletin trimestriel tout particulièrement. Cependant, cette référence de l'enseignant à une théorie de la valeur travail ne l'engage pas : le temps consacré à un devoir par un élève et sa note ne sont pas plus liés dans l'évaluation effective d'une copie que le temps de travail de l'élève ne prédit sa réussite scolaire.

La revendication des élèves porte sur le lien entre temps de travail et note mais aussi sur une sorte de minimum scolaire garanti. Suite à des notes très basses, le comportement de certains élèves peut être particulièrement significatif du minimum de reconnaissance scolaire demandé par les élèves : « Certains sont venus me dire qu'ils ne voyaient pas la raison pour laquelle il faudrait qu'ils envisagent de continuer à travailler dans ces conditions-là » (contractuelle, professeur de lettres). Le propos évoque des revendications salariales sur les conditions de travail.

Sans pour autant que la légitimité de la note soit contestée, certains élèves mettent donc explicitement en jeu l'évaluation scolaire à laquelle ils sont soumis. Pour quelles raisons l'élève accepterait-il, en l'absence de tout mérite scolaire, la contrainte institutionnelle de l'école ?

L'élève demande, en fait, en échange d'une acceptation des contraintes pédagogiques, une notation minimum garantie, à l'instar du SMIC. Il s'agit d'une reconnaissance institutionnelle plancher, sans laquelle l'acceptation de l'autorité pédagogique est perçue comme un marché de dupes. Les élèves souhaitent une sorte de revenu minimum d'insertion scolaire qui se présenterait sous la forme d'une moyenne minimum permettant de survivre sans trop de honte dans l'institution éducative. Le respect des horaires, la présence en cours, une attention minimum à la parole du maître, la bienveillance à l'égard des conseils professoraux (même si ceux-ci se contredisent parfois...) ne peuvent légitimement produire un résultat scolaire nul ou très proche de zéro.

La note juste pour l'élève n'est pas celle qui résulte de l'application mécanique du barème du professeur. Faire son métier d'élève est déjà une source de mérite scolaire et devrait être associé à une note minimum. Une telle conception de la justice scolaire a été mise en œuvre en éducation physique et sportive. Un système d'évaluation prenant en compte le travail de l'élève, sa participation et ses résultats s'est substitué à un système de notation basé uniquement sur les performances sportives. Un élève médiocre en termes de performances sportives peut obtenir une note honorable en raison de son investissement et de ses progrès. Plus généralement, la façon dont les professeurs définissent leur échelle de note et l'existence de notes minimales autour de 6/20 (voir le développement antérieur sur la fabrication de l'échelle des notes) montrent que les enseignants, pour la plupart, considèrent que la demande des élèves faibles, en raison de leur travail, est légitime.

Tout comme la négociation implicite de la note, les possibilités de négociation explicite ne sont pas distribuées de façon uniforme parmi les élèves. La possibilité de faire valoir, face au maître, l'importance du travail réalisé et la capacité à le défendre est déterminée par un rapport spécifique à l'école *a priori* plus fréquent chez les enfants d'origine aisée, en ce qu'il renvoie à la légitimité de la parole de l'élève par rapport à celle du maître. Dans un des établissements enquêtés, des extraits d'entretiens indiquent d'ailleurs que les élèves ayant de très faibles notes au baccalauréat blanc (0 ou 0,5...) sont totalement abattus et très loin d'un comportement de négociation des conditions de leur adhésion aux contraintes scolaires.

Cette apathie montre les limites d'une analyse comportementale réduite à la trilogie « exit », « voice », « loyalty » (Hirschmann, 1972). La réponse « apathique » de l'acteur à sa situation s'avère tout à fait féconde pour comprendre la société scolaire (Bajoit, 1988). Dans les entretiens, le comportement de négociation explicite semble plutôt masculin, d'autant plus, apparemment, que le professeur est une femme. En comparant notation pendant l'année et notation au bac sur un échantillon de 4 302 élèves scolarisés dans cinq Académies, Chatel (1994) montre que les professeurs femmes notent plus largement que les hommes. L'ajustement entre notes du bac et notes mises pendant l'année est aussi plus mauvais quand les correcteurs sont des femmes plutôt que des hommes. L'interprétation de ces données est complexe. Il peut s'agir d'indicateurs témoignant du recours plus fréquent de la part des professeurs femmes à des arrangements sur les notes, non sans rapport avec des contestations lycéennes plus virulentes de la part des garçons. Faute d'être étayée par d'autres recherches, une telle interprétation demeure fragile. Elle correspond toutefois aux données recueillies au cours des entretiens.

La négociation particulière : « je te mets 10... C'est pas ce que tu auras »

Les réclamations d'élèves qui prennent explicitement la forme d'une négociation explicite de la note, sont peu nombreuses. Plusieurs extraits d'entretiens montrent cependant que la notation résulte parfois d'une négociation tout à fait explicite. Par exemple, le professeur peut autoriser les élèves non satisfaits de leur note à remplacer celle-ci par celle obtenue lors d'un nouveau travail (exposé oral, exercice à rédiger à la maison...). Le professeur met alors à profit le refus des élèves d'une mauvaise note pour demander un surplus de travail échangé en quelque sorte contre une moyenne trimestrielle un peu supérieure. La nouvelle note ne sera en effet comptabilisée que si elle est supérieure à la précédente...

Ce type de négociation, quantitativement limité, constitue une réponse aux revendications explicites de quelques élèves. Elle témoigne d'une certaine désacralisation du professeur par l'élève. L'enseignant est dans l'obligation de négocier. L'extrait d'entretien cité ci-dessous apporte un exemple d'une négociation explicite et individualisée de la notation.

Question : Existe-t-il des différences entre la moyenne annuelle des élèves et les notes qu'ils obtiennent au baccalauréat ?

« Ça peut. Ah oui, dans les deux sens. Dans l'année par exemple, je peux avoir mis des notes convenables et pfuuu (bruitage d'un dégonflement). Par exemple, je prends l'exemple de Bruno l'année dernière. Je l'avais en classe de première. Voilà le cas d'un élève qui ne maîtrise pas du tout l'écrit et n'arrive pas à structurer sa pensée (...). Au début de l'année, première note, je lui mets 4/20. Il me fait un résumé 4. Une semaine après, il vient me voir comme ça, j'étais dans une classe, je me souviens très bien, et il passe dans le couloir, la porte était ouverte. Il en profite pour rentrer, pour m'interpeller : comment ça se fait que vous m'avez mis 4 à mon devoir, et l'année dernière, j'avais un professeur de lettres qui me mettait douze, douze !

Je lui ai dit : c'est fort possible. Qui c'est ?... C'est elle ? *(rires)*. Ah oui, ah bon, non, ça ne m'étonne pas du tout *(rires)*. Bon, tu as eu douze l'année dernière, mais cette année, encore faudra-t-il le prouver. Tu as eu 4 au résumé, tu ne sais pas faire un résumé, si tu me montres que tu sais faire un résumé, je te mettrai douze et plus même. Je suis tout à fait disposée... mais c'est à toi de me fournir les preuves. Cette année, l'objectif c'est de te fournir une notation bac. N'empêche que Bruno s'est offert 4 à l'écrit du bac *(rires)*. Bien. Et c'est tout à fait mérité.

Mais pendant l'année, euh... j'apprécie chez lui une culture que la majorité des élèves de la classe n'avait pas, des références à des lectures même si ce ne sont pas forcément les miennes, c'est quelqu'un qui lisait... Il y a eu donc des affinités qui se sont révélées, c'est quelqu'un qui intervenait facilement à l'oral. En plus, c'est l'exemple même de l'élève capable de faire de l'absentéisme plus ou moins chronique, donc pour lui donner envie de rester en cours, j'étais obligée d'envisager une notation thérapeutique. C'est le cas même de celui à qui j'ai offert une notation thérapeutique. Mais en étant clair avec lui et net, je veux dire : je te mets 9, je te mets 10, mais je te préviens que le jour du bac, c'est pas ça que tu auras » (professeur de français).

Cet extrait est tout à fait remarquable par l'argumentation complexe développée par le professeur qui explicite les raisons pour lesquelles les notes des élèves peuvent s'éloigner assez largement de l'appréciation de leurs compétences scolaires.

La nécessité d'une notation thérapeutique

Dans la conversation citée ci-dessus, la revendication de l'élève produit *de facto* une mise en concurrence des légitimités professorales en raison d'une divergence d'évaluation de la valeur scolaire de l'élève d'une année sur l'autre. Cette concurrence ruine en partie le crédit que l'exercice d'un jugement unique peut revendiquer sans grande justification. L'enquêté ne peut dès lors sauver sa légitimité évaluative que par la dévalorisation des compétences évaluatives de l'ex-professeur de l'élève concerné (« Qui c'est ?... C'est elle ? *(rires)* Ah oui, ah bon, non, ça ne m'étonne pas du tout » *(rires)*).

Le lycéen, avec une habileté certaine, a en quelque sorte renversé la charge de la preuve. Ordinairement, celle-ci incombe à l'élève si celui-ci n'est pas satisfait de sa notation. Dans le cas présent, en faisant prévaloir, presque avec étonnement, ses notes antérieures et un principe de cohérence évaluative temporelle du niveau scolaire, l'élève impose à son professeur un exercice de relégitimation auquel celui-ci se plie en rappelant le rôle d'arbitre de la valeur scolaire qu'il est en droit d'assurer (« c'est à toi de me fournir les preuves »). L'emprunt, par l'enseignant, d'un vocabulaire propre au Code pénal et aux juges ne constitue pas une erreur de terminologie. Il s'agit de rappeler à l'élève qu'il est responsable de sa mauvaise note et qu'il n'est pas l'objet d'une erreur judiciaire, même si les juges – les professeurs pris un à un – peuvent se déjuger apparemment d'un verdict à l'autre. Prévaut à l'école, comme dans l'institution judiciaire, un principe de hiérarchie des instances : le jugement professoral qui a force de vérité est forcément le dernier prononcé, tout comme les jugements en appel.

La négociation s'est achevée, temporairement, à l'avantage de l'évaluateur. Cependant la négociation de la notation du professeur a repris sur un autre registre. L'enseignant légitime est l'enseignant écouté et l'élève doit adhérer à la connaissance du professeur. Or, dans l'exemple relaté, l'élève est « capable de faire de l'absentéisme plus ou moins chronique » et accorde apparemment un crédit limité et variable aux paroles du professeur.

La nécessité pour l'enseignant de rappeler sa compétence évaluative – sa notation est plus légitime que celle de son prédécesseur – se double d'une contrainte pédagogique : la nécessité d'aider et d'encourager l'élève. Dès lors, une note proche de la moyenne – et demandée par l'élève au nom d'un principe de continuité de la valeur scolaire de l'élève – est refusée par le professeur au nom d'une compétence professionnelle à juger du niveau scolaire mais est finalement accordée au nom du maintien d'un ordre scolaire minimum (l'assiduité aux cours) et d'une pédagogie de soutien. La notation indulgente est présentée à la fois comme une obligation (« j'étais obligée ») – car résultant effectivement de pressions diverses de l'élève (contestation, absentéisme, participation orale ou non...) – mais aussi comme un choix (« j'ai offert ») puisque la stratégie pédagogique du professeur relève subjectivement d'un choix. La note dite thérapeutique est ici le palliatif d'une légitimité évaluative professorale fortement contestée.

Négociation particulière et position sociale des acteurs

Il reste à saisir la logique sociale de ces négociations particulières. Ce type de négociation est défini comme particulier au sens où les acteurs en présence mobilisent non seulement les caractéristiques générales du rapport pédagogique du maître et de l'élève, mais aussi un certain nombre de spécificités et d'atouts qui leur sont singuliers. En ce sens, saisir la logique particulière de ces négociations nécessite une investigation élargie concernant les acteurs en présence. Dans l'exemple précité, élève et professeur ayant chacun accepté le principe de l'entretien, il est possible d'éclairer, à partir de la restitution partielle de leur histoire scolaire et sociale, quelques-uns des ressorts spécifiques de leur négociation particulière.

Les engagements politiques de l'élève et du professeur, sans être identiques – la question n'est que très partiellement abordée dans les entretiens – sont partiellement communs. Tous deux se déclarent « plutôt à gauche » (il s'agit d'une des réponses proposées), et ajoutent spontanément, cherchant une définition plus adéquate de leur positionnement politique, qu'ils sont « anarchistes ». Le professeur, au statut précaire, a cherché à préparer l'agrégation, mais a considéré, après quelques cours, que retourner à l'université pour suivre des cours de préparation à l'agrégation était « avilissant ». L'école est jugée comme étant trop souvent une source « d'abrutissement ». L'élève, pour sa part, fils de cadre supérieur du public, revendique hautement et fièrement son refus de « l'école de classe » qui exclut les enfants d'immigrés, et revendique son attachement de père en fils, depuis son grand-père, à une tradition anarchiste (« On est tous comme ça dans la famille »).

Ce terreau politique spécifique qui englobe expressément un rapport à l'école en partie commun, place les acteurs dans une position potentiellement productrice d'un accord. L'anarchisme mène au refus des systèmes, au refus d'un droit de contrainte institutionnelle des individus entre eux. En ce sens, la démarche contestataire de l'élève est pour le professeur *a priori* acceptable, mais aussi, nécessairement irrecevable telle quelle, dans la mesure où cette contestation lycéenne ruine potentiellement son autorité pédagogique indispensable à sa survie professionnelle.

Entre ces deux positions, celle de l'acceptation du principe de la contestation et celle de son nécessaire refus pratique, s'ouvre le champ de la négociation et de l'arrangement inter-personnel précédemment décrit. Cette négociation maître-élève s'est poursuivie en terminale. L'élève devant passer l'oral de rattrapage au baccalauréat, et n'ayant pas re-préparé le français en classe terminale, est allé demander à son ancien professeur de français de signer une liste de textes fictivement préparés en terminale. Le professeur accepta. L'obtention par cet élève d'une note honorable en français à l'oral de rattrapage du baccalauréat (coefficient 4), par suppression de sa première note d'écrit de français obtenue en classe de première (4 sur 20) lui a permis d'obtenir le baccalauréat après cette épreuve orale...

L'idéal consensuel : « je leur conseille de venir me voir »

La négociation explicite de la notation ne résulte pas du seul comportement spontané des élèves qui serait animé par la recherche d'une appréciation plus clémente de leur travail. La négociation exige un partenaire. Un certain nombre de professeurs interviewés ne font pas référence au cours de l'entretien à des contestations d'élèves, voire même à des demandes d'explication de leurs notes. Les différences de comportements des élèves selon l'enseignant doivent être imputées pour une part à la divergence des comportements professoraux. Certains enseignants sollicitent explicitement la discussion à propos des évaluations réalisées.

> « Je leur conseille de venir me voir. Ils ne le font pas systématiquement, et je leur dis toujours qu'il ne faut pas qu'ils restent sur l'insatisfaction d'une note mal reçue, mal acceptée. Quelquefois, je n'ai pas fourni une justification suffisante pour qu'ils puissent comprendre et apprécier leur note. En cours d'année, ils apprennent à me connaître et ils viennent. Il ne s'agit pas d'abuser non plus mais je n'aime pas qu'ils restent avec des rancœurs. Il faut qu'ils comprennent pourquoi le professeur a pu mettre cette note-là. Quand je rends les copies (...) je vois bien des signes de mécontentement, de surprise, alors à ce moment-là, j'interviens, je leur dis : tu ne sembles pas content de ta notation, je me mets à ta disposition pour justifier ma note » (professeur certifié de français).

La négociation entreprise par l'élève est parfois suggérée par le professeur. En recherchant la compréhension de la note, ou du moins une certaine sérénité de l'élève (il doit « apprécier » sa note), le professeur cherche à préserver la légitimité de son jugement. La rancœur de l'élève, ou ses signes de mécontentement expriment une perte de confiance à l'égard du maître. Il s'agit pour le professeur de permettre l'explicitation de l'implicite présent dans le comportement de l'élève et, indirectement, de restaurer son autorité évaluative afin de conserver un crédit suffisant pour poursuivre son action pédagogique. Le professeur utilise alors son pouvoir de conseil pour suggérer à l'élève une négociation. Pour l'élève, il s'agit de faire valoir son point de vue ou contester, et pour le maître de faire connaître les tenants et les aboutissants de son jugement.

Le résultat d'une telle négociation est incertain. Le professeur poursuit en effet des objectifs difficiles à atteindre : restaurer sa perte de crédit et offrir à l'élève une aide pédagogique ou une réparation d'ordre symbolique à la mauvaise note. Des explications détaillées et personnalisées témoignent de l'intérêt bienveillant que le professeur témoigne à l'élève déçu. La difficulté de la démarche professorale tient au fait que l'élève n'est pas seulement à la recherche d'une réparation symbolique ou une explication complémentaire...

> « Moi, j'ai été souvent très libéral, c'est-à-dire que j'ai voulu, surtout quand j'ai vécu 68, après 68, etc., j'avais envie d'être très souple avec les élèves et tout, j'ai même favorisé ça, j'ai favorisé la discussion. J'ai souvent souhaité que les élèves, s'ils n'étaient pas d'accord avec ma notation, qu'ils viennent me le dire. Mais après, ça s'est un peu retourné contre moi. C'était un peu systématique, et puis quelquefois, quand il y avait de l'agressivité par rapport à moi pour une raison ou pour une autre, ils venaient ne serait-ce que pour m'embêter systématiquement. Ce qui fait que maintenant, j'accepte mais c'est simplement s'il y a une erreur dans le total. «
>
> *Question : Il t'arrive de modifier une note ?*
>
> « Ça m'est arrivé dans des moments de faiblesse (rire). J'aime pas trop, j'aime pas trop faire des modifications à chaud. Ce que je fais, je prends les copies et je fais ça à tête reposée. Je préfère faire ça plutôt qu'à chaud parce qu'il y a tellement de facteurs affectifs qui rentrent en jeu... Et puis, ce que je n'aime pas aussi, c'est que si je fais une correction (de ma correction), certains élèves prennent ça comme une espèce de victoire sur le prof, ils vont voir d'autres élèves, les autres viennent, ça fait un peu boule de neige. Parfois il m'est arrivé de ne pas être très franc, de rajouter un point ou un demi-point comme ça, mais de leur dire, d'accord, mais n'allez pas le dire à tout le monde ! C'est difficile d'évaluer, de noter, parce que j'ai toujours peur de me tromper, à la limite j'ai plus peur de me tromper dans l'évaluation que dans les connaissances que je leur transmets. En sciences tout le monde n'est pas d'accord, en plus ils n'en retiennent pas tellement... mais je me dis que l'évaluation, ça peut les faire redoubler, ça peut les déprimer, donc je vais quand même faire attention, au moins je prends à cœur de faire ça à peu près correctement » (professeur certifié de sciences naturelles).

La négociation explicite provoquée par l'enseignant est directement liée à l'enjeu conféré à la notation par l'élève et aux doutes évaluatifs du professeur. Plus l'évaluation des connaissances se révèle pour l'enseignant une mission seconde par rapport à la fonction sélective et reproductrice de l'école, plus le recours à une négociation explicite de la notation semble présent, inévitable, et construit, comme un droit inaliénable de l'élève.

Pour ce professeur de sciences naturelles, comme pour le professeur de français précédemment cité, le recours à la négociation explicite de la notation est en l'occurrence relié à des engagements politiques spécifiques (« à gauche »), ou à la participation à des mouvements sociaux (mai 68). Son idéal de justice scolaire butte toutefois sur les pratiques de protestation systématique des élèves. La force de ceux-ci tient à la possibilité de transformer l'addition de contestations individuelles, acceptées voire souhaitées par le professeur, en une contestation collective. La nécessité professorale de restaurer son autorité évaluative, pour quelques élèves manifestement déçus de leur note, s'avère alors vouée à l'échec.

Beaucoup d'élèves sont potentiellement demandeurs d'une réparation symbolique mesurée en termes de temps passé par le professeur à expliquer les erreurs faites sur leur copie. La difficulté pédagogique du professeur tient au fait que celui-ci est en quelque sorte victime de son idéal consensuel et de son adhésion à la valeur scolaire et humaine de la réparation symbolique qu'il accorde à l'élève. Le malentendu entre le professeur et l'élève est virtuellement fort : le premier cherche à apporter des explications, à faire comprendre ; le second cherche aussi, voire surtout, quelques points supplémentaires sur sa copie. L'idéal de justice scolaire est aussi une faiblesse mise à profit par les élèves pour obtenir une meilleure rétribution de leur travail scolaire. Le correcteur est alors pris au jeu qu'il institue, voire acculé à un repli tactique. Pour éviter une « victoire sur le prof », l'idéal consensuel doit se limiter à quelques élèves... La pédagogie anti-autoritaire s'impose par la ruse ou s'avère mener à des impasses...

Certains professeurs, attachés à la justification de leurs notes, adoptent d'autres stratégies. Tel professeur ne remonte jamais une note devant l'élève (sauf erreur dans l'addition des points du barème), mais intègre un éventuel relèvement de la note dans la moyenne de l'élève si la contestation de l'élève lui paraît justifiée. Pour l'élève, le doute subsiste sur le statut de cette moyenne inattendue qui apparaît sur son bulletin trimestriel : le professeur lui a-t-il rendu justice à retardement ou s'est-il trompé dans le calcul de la moyenne trimestrielle ? Un tel doute évite tout questionnement qui pourrait faire perdre l'avantage acquis. Le professeur évite ainsi l'effet « boule de neige ».

Les propos recueillis montrent amplement la complexité du processus de fabrication de la note. Loin d'être l'application automatique d'un barème ou de consignes de correction, la notation résulte de situations spécifiques, propres à la classe, à l'établissement, aux relations particulières maître-élèves considérées collectivement et individuellement. L'arrangement évaluatif est le produit d'interactions dans lesquelles se jouent des considérations diverses : la nécessité de faire progresser le niveau de connaissances de la classe, de donner à chaque élève un minimum de reconnaissance de sa personne, d'obtenir un minimum d'ordre scolaire, de respecter des normes de notation propres à la discipline et à l'établissement...

Ces objectifs professoraux relèvent à la fois de la contrainte et du choix et se combinent entre eux en fonction de contextes scolaires spécifiques. L'arrangement sur les notes n'est pas toujours perçu de façon claire par les professeurs parce qu'il fait l'objet d'un apprentissage progressif par le biais de réponses au coup par coup aux exigences des situations scolaires : larmes, agitation et violence scolaires, revendications des élèves et de leurs parents, normes de correction des collègues, taux de redoublement habituel dans l'établissement...

Expériences plus ou moins intériorisées de ce qu'il faut faire ou ne pas faire dans telle ou telle situation, l'arrangement évaluatif demeure une dimension centrale du processus de fabrication de la note. L'existence de ces arrangements est le propre du travail de l'expert. Il n'existe pas une solution évaluative unique qu'il serait possible d'appliquer à n'importe quelle classe dans n'importe quel établissement (ça se saurait, et les professeurs interrogés en auraient parlé !). Cette capacité de l'enseignant à trouver les arrangements qui conviennent pour rester maître de la situation est une dimension de son expérience professionnelle. Les questions que se posent certains professeurs stagiaires au cours de leur première année d'enseignement sont à ce titre éclairantes :

> « Comment juger ? sur quels critères ? »
>
> « Doit-on adapter une grille de notation après avoir lu quelques copies pour avoir une moyenne de classe honnête (9-10-11) ou au contraire faire une grille avant de lire les copies ? »
>
> « Comment faire pour évaluer un élève ayant des difficultés de compréhension mais qui travaille ?, etc. »

La nécessité pratique d'apporter des réponses à ces questions débouche peu à peu sur les arrangements précédemment décrits, c'est-à-dire sur un processus de fabrication des notes. Celui-ci est également central lors de l'évaluation de la compétence des candidats aux épreuves du baccalauréat.

TROISIÈME PARTIE

LE BACCALAURÉAT : LA FABRICATION DES RÉSULTATS

« Ce qui me paraît une illusion, pour ne pas dire davantage, c'est de croire que l'examen, c'est la sanction claire, normalisée qui permet d'établir la justice. Je n'y crois absolument plus. »

Professeur agrégé de mathématiques, membre de jury du baccalauréat scientifique.

6

Aléas de la mesure et recherche de l'équité

Monument symbolique de l'institution scolaire depuis près de deux siècles, objet de réformes et de polémiques récurrentes, les épreuves du baccalauréat ont peu retenu l'intérêt des chercheurs à l'exception de travaux anciens, de type docimologique, fondés sur des expériences de multi-corrections de copies du bac (Laugier et Weinberg, 1936 ; Noizet, 1961 ; Piéron, 1963 ; Noizet et Caverni, 1985).

À partir des années 1960, les examens ont été analysés comme une forme de consécration sociale. Dans les analyses de Bourdieu et Passeron (1964, 1970), ils avaient la vertu d'un anoblissement et, sous le fallacieux couvert du mérite individuel, assuraient la reproduction des dominants et des dominés. Par quels mécanismes cachés la sélection scolaire se réduisait-elle à une sélection sociale ? L'école transmettait préférentiellement la culture bourgeoise et avantageait pour cette raison les fils et filles de bonne famille. Le système d'enseignement n'était pas seulement « indifférent aux différences », les verdicts scolaires étaient des jugements sociaux déguisés. Cette analyse, dominante dans les années 1970, se désintéressa pour une grande part des modalités pratiques de la sélection à l'école. L'analyse théorique se suffisait à elle-même et ne donnera pas lieu à de véritables investigations statistiques susceptibles de la valider. Il faut attendre les années 1990 pour que soient entrepris des travaux statistiques approfondis sur les pratiques de notation des professeurs (Duru-Bellat et Mingat, 1993) et, plus tardivement encore, sur les épreuves du baccalauréat (Oget, 1999). Nécessaires à la compréhension des pratiques d'examen, ces recherches laissent entière la question des modes de fabrication des notes lors des épreuves du baccalauréat.

Pour comprendre les modalités de mise à l'épreuve des candidats, il faut tout à la fois présenter les recherches déjà menées, analyser la réglementation relative au déroulement des épreuves du bac, et comprendre la mise en œuvre de la réglementation par les professeurs-examinateurs. Cette compréhension a été entreprise à partir des entretiens menés auprès de professeurs de lycée enseignant en classe d'examen.

La réglementation relative au baccalauréat présente la singularité d'être particulièrement abondante et d'aborder très explicitement la question de la justice scolaire. Les textes réglementaires précisent, de façon détaillée, l'organisation concrète des épreuves écrites et orales.

La précision des règles tient à l'enjeu symbolique dont le baccalauréat est investi socialement. Chaque année, il s'agit d'un événement médiatique. Hebdomadaires, quotidiens, chaînes de télévision, stations de radio, tous rendent compte de l'événement, véritable *must* éditorial du mois de juin. Cet examen – premier grade universitaire – concerne en effet plus de 500 000 lycéens. Il est aussi l'objet d'une forte mobilisation familiale et scolaire. Pour les parents et leurs enfants, il s'agit d'une sorte de rite de passage marquant la fin d'un niveau d'études et, souvent, le début d'un autre : le supérieur.

L'organisation actuelle du baccalauréat n'est compréhensible que replacée vis-à-vis des recherches antérieures montrant l'incertitude relative à la notation des compétences des candidats au baccalauréat.

La correction des épreuves écrites : l'incertitude de la mesure

Des données anciennes

La commission française pour l'enquête Carnegie sur les Examens et Concours a mené, au début des années 1930, des analyses statistiques sur les écrits du baccalauréat (Laugier et Weinberg, 1936). Les raisons de l'enquête sont simples. À l'époque, le baccalauréat était la clé d'entrée aux emplois de cadres supérieurs. Les chercheurs voulaient savoir si les critères de sélection de l'élite sociale étaient indiscutables. La démarche de cette commission reste toujours d'actualité. Elle a inspiré les recherches ultérieures.

L'enquête de Laugier et Weinberg a consisté à prendre 100 copies dans six disciplines ayant fait l'objet d'un écrit au baccalauréat (version latine, composition française, langue vivante, mathématiques, philosophie, physique). Les copies ont été choisies par l'Office central du baccalauréat de façon à être représentatives de la répartition des notes, du pourcentage des admissibles et de la répartition des candidats par sexe. Chaque paquet de 100 copies a été soumis à cinq correcteurs. La commission a donc disposé de cinq corrections par copie auxquelles il faut ajouter la correction réalisée par le correcteur du baccalauréat.

La commission d'enquête s'est posée la question des écarts de notation entre les six correcteurs. Avec six notes par copie, la première note est comparée aux cinq autres notes (cinq écarts), la deuxième note aux quatre autres notes (plus quatre écarts), etc., soit au total 15 écarts de notes pour une copie. Ces 15 écarts par copie sont multipliés par les 100 copies corrigées par les correcteurs (soit 1 500 écarts). L'étude de ces 1 500 écarts peut donner lieu pour chaque discipline à trois types de calcul :

— l'écart maximum entre les six notes par copie ;
— la moyenne des écarts ;
— les écarts revenant les plus fréquemment.

Tableau. — *Écarts maximums, écarts moyens et écarts les plus fréquents lors d'une expérience de multi-correction menée sur 100 copies du baccalauréat (session 1930)*

Disciplines	*Écart maximum*	*Moyenne des écarts*	*Écarts les plus fréquents*
Version latine	12	2,97	5
Français	13	3,29	6 et 7
Anglais	9	2,24	4
Mathématiques	9	2,05	4
Philosophie	12	3,36	5 et 7
Physique	8	1,88	4

Lecture : les écarts les plus fréquemment rencontrés lors de la multi-correction de copies de français sont 6 et 7 points.

Source : Commission d'enquête Carnegie (Laugier et Weinberg, 1936, 78).

Pour les six disciplines, les écarts égaux ou supérieurs à cinq points entre 2 copies se présentent avec les fréquences suivantes : 15,5 % en version latine, 20,1 % en français, 5,7 % en anglais, 4,6 % en mathématiques, 2,5 % en physique, 23 % en philosophie (Laugier et Weinberg, 1936, 80). Le constat de cette recherche est sans appel : l'aléa de la correction des copies est considérable. Cette conclusion est particulièrement vérifiée lors de la correction des épreuves écrites de philosophie, de français et de version latine.

La commission d'enquête Carnegie a mené des investigations complémentaires en français en soumettant trois copies de français de baccalauréat à 76 correcteurs. La distribution des notes de ces 76 correcteurs suit approximativement une courbe en cloche (c'est-à-dire une loi normale). Une telle constatation signifie – et ce résultat mérite d'être souligné – que les jugements professoraux sur une copie donnée constituent, au sens statistique du terme, une variable aléatoire qui suit une distribution gaussienne au même titre que la répartition du poids ou de la taille des individus composant une population. L'existence d'une distribution normale des notes indique que les sources de variations dans la correction d'une copie sont nombreuses et indépendantes entre elles.

L'enquête Carnégie valide donc l'opinion ordinaire des lycéens doutant de la fiabilité de la notation dans les disciplines littéraires (Merle, 1993). L'idée d'une exactitude de la notation dans les disciplines scientifiques, généralement dominante, n'est pas davantage validée. Les écarts maximum constatés sur une même copie sont de 9 points en mathématiques, 8 points en physique et, de façon plus probante, les écarts les plus fréquents sont de quatre points dans chacune de ces deux disciplines. Or, pour aucun membre de jury, une telle différence de points entre deux candidats, en l'occurrence 28 points (écart de quatre points, le plus fréquent, multiplié par un coefficient 7 en mathématiques ou en physique-chimie en série S en 2007), n'est considérée comme la marge d'incertitude attendue de la correction d'une copie.

Généralement, les jurys admettent une incertitude du jugement sur la valeur d'une copie de l'ordre d'un point coefficienté, mais une différence de 28 points est nettement appréhendée comme une différence sensible de compétence scolaire entre deux candidats... Même si les écarts de notes sur une même copie sont plus importants dans les disciplines littéraires que scientifiques, l'incertitude reste élevée dans celles-ci. Ce ne sont donc pas des données objectives, en l'occurrence statistiques, qui fondent les opinions lycéennes et professorales sur la notation. Si ces opinions avaient un fondement expérimental, le discrédit à l'égard de la notation dans les matières littéraires devrait se porter également sur les disciplines scientifiques.

La fiabilité incertaine de la correction des copies dans les disciplines scientifiques et *a fortiori* littéraires pose la question de la pertinence des décisions d'admission et d'ajournement. Dans la recherche menée par

Laugier et Weinberg, la décision d'admission ou d'ajournement des candidats au bac est loin d'être consensuelle pour les six correcteurs de la même copie. Ainsi en français, seulement 21 % des candidats sont refusés unanimement (note inférieure à 10 pour les six correcteurs), 9 % seulement des candidats sont reçus par l'ensemble des correcteurs, et 70 % sont refusés ou admis selon le correcteur. En mathématiques, 36 % des candidats sont refusés ou admis selon le correcteur... C'est beaucoup moins, mais l'incertitude demeure considérable.

La décision d'admission ou d'ajournement n'est cependant pas décidée sur une seule note dans une seule discipline mais sur la combinaison de l'ensemble des notes de chaque candidat. Le principe de l'examen est de reposer sur plusieurs matières et tient notamment à l'idée qu'il existe des compensations dans la réussite ou l'échec aux différentes épreuves. La contre-performance ou la plus ou moins grande sévérité de la correction d'une copie serait compensée par la multiplication des épreuves.

Ce raisonnement est juste. Cependant l'augmentation du nombre des épreuves ne compense pas totalement l'incertitude relative aux jugements professoraux. Il est possible avec 6 correcteurs, pour chacune des six disciplines retenues dans la recherche de Laugier et Weinberg (soit 36 correcteurs), de former plusieurs milliers de jurys. L'étude des résultats différents des candidats en fonction des notes obtenues par tous les jurys possibles est difficilement envisageable. En se limitant aux totaux des notes qu'obtiendraient les candidats selon 6 jurys constitués de façon différente, il s'avère que 31 % des candidats reçus par certains jurys seraient refusés par d'autres. L'incertitude de l'évaluation des candidats est donc moins grande s'ils sont évalués dans six épreuves plutôt qu'une seule. Toutefois, l'incertitude de l'évaluation concerne encore près d'un tiers des candidats.

Autrement dit, le niveau des connaissances d'un élève ne peut pas, lors d'un examen anonyme, faire l'objet d'une évaluation indiscutable en raison de l'aléa de la notation. Cette conclusion vaut particulièrement pour les élèves moyens pour lesquels l'expertise professorale est un jugement particulièrement aléatoire. L'aléa est notamment en rapport avec la composition des membres du jury. Ce résultat docimologique explique pourquoi des épreuves orales, généralement avec dossier du candidat, sont présentes dans la quasi-totalité des examens. Une telle procédure d'examen a pour but de faire en sorte que pour les élèves moyens, une seconde évaluation, différente de la première, puisse avoir lieu.

L'actualité du constat

Pour limiter l'incertitude considérable de la notation des copies du bac, des procédures de concertation sur les problèmes de notation ont été mises en place : commissions d'entente et d'harmonisation, permanences téléphoniques, services Minitel d'aide à la correction (cf. développements ultérieurs). Ces procédures accréditent l'idée d'un progrès dans la précision des évaluations professorales. L'équité est-elle pour autant assurée entre les candidats ?

En constatant un taux de réussite assez bas dans l'académie de Lille en 1984, le recteur se posa la question iconoclaste de l'équité de l'évaluation selon l'académie. Les examinateurs de l'académie de Lille, toutes disciplines confondues, ne notaient-il pas plus sévèrement que leurs homologues des autres académies ? La position hiérarchique du recteur a permis de tester l'hypothèse d'une sévérité supérieure des correcteurs lillois.

L'enquête nécessitait de soumettre les copies corrigées par les examinateurs de l'académie de Lille à la correction de professeurs appartenant à d'autres académies. Seules seront présentées les données correspondant à l'épreuve de SES (sciences économiques et sociales). 120 copies de baccalauréat (session de juin 1984 de l'académie de Lille) ont été corrigées par huit autres correcteurs de SES regroupés en quatre jurys (Simler, 1985). L'échantillon de 120 copies (soit un peu plus de 3 % des copies de l'Académie) a été constitué par le service du baccalauréat de l'Académie de Lille par tirage au sort parmi les copies de 6 jurys représentatifs de zones géographiques différentes. Quatre jurys ont été constitués :

— 1er jury - Deux correcteurs : un maître auxiliaire (MA) et un adjoint d'enseignement (AE) qui enseignent en classe terminale dans l'académie de Lille. Les 120 copies de baccalauréat de l'échantillon avaient été corrigées initialement uniquement par des professeurs certifiés et agrégés et il fallait connaître l'effet éventuel du grade du correcteur sur la notation des copies.

— 2e jury - Deux correcteurs : un certifié et un agrégé pour l'académie de Lille, afin d'assurer la neutralisation de la variable grade du correcteur constituée par le premier jury.

— 3e et 4e jurys - Deux fois deux correcteurs respectivement de l'académie de Poitiers et de Nancy (agrégés, certifiés et maîtres auxiliaires puisque ces derniers corrigent les épreuves du baccalauréat dans leur académie).

Plusieurs résultats peuvent être tirés de cette expérience de multi-correction de copies du bac. Le jury formé d'un adjoint d'enseignement et d'un maître auxiliaire de l'académie de Lille parvient à la même moyenne, sur les 120 copies corrigées, que le jury formé par l'agrégé et le certifié de la même académie (respectivement 7,74 et 7,8/20). Il n'existe donc pas de différence de correction selon le grade à l'intérieur de cette académie.

En revanche, il existe des normes implicites et/ou explicites différentes de notation selon les académies. Les correcteurs de Nancy ont une moyenne de 8,81/20, ceux de Poitiers de 9,05/20. La différence maximum entre les correcteurs de l'académie de Lille (7,74/20) et ceux de Poitiers (9,05/20) est donc de 1,31 points qui équivaut à une différence de 9,17 points en moyenne (1,31 × 7) si cette différence est multipliée par le coefficient de l'épreuve de sciences économiques et sociales (coefficient 7 en 2007). Or le dépouillement des procès verbaux des délibérations indique que les candidats ne sont pas forcément « rachetés » à 9 points après le premier groupe d'épreuves pour pouvoir se présenter aux oraux de rattrapage ou, après ceux-ci, pour l'admission définitive au baccalauréat. Finalement, si la différence des taux de réussite de ces deux académies peut s'expliquer de façon usuelle par la différence d'origine socioprofessionnelle des publics lycéens, il existe bien, au moment de l'enquête, une différence des taux de réussite qui a son origine dans une sévérité plus grande des correcteurs de Lille.

Un tel résultat indique clairement qu'un candidat a plus de chances d'être reçu au baccalauréat en se présentant dans l'académie de Poitiers ou Nancy plutôt que Lille. Les différences de notation individuelle des correcteurs dans la seule épreuve de sciences économiques et sociales modifient en effet sensiblement le pourcentage de reçus définitifs à l'issue du premier groupe d'épreuves. Si les dissertations de sciences économiques et sociales des candidats lillois avaient été corrigées par les correcteurs de Poitiers, le pourcentage de reçus définitifs après les écrits serait passé de 46,21 % à 51,26 %. Cette différence de 5,05 points de taux de réussite qui correspond à 6 candidats supplémentaires sur l'échantillon équivaut à 200 admis définitifs supplémentaires dès les premières délibérations sur l'académie.

Un tel résultat atteste d'une sévérité moyenne des correcteurs lillois supérieure à celle des correcteurs des autres académies et indique que les correcteurs ne sont pas seuls devant leurs copies, c'est-à-dire qu'il existe des normes de corrections propres à chaque académie. Ce résultat explique, dans une proportion indéterminée, les différences inter-académiques des taux de réussite au baccalauréat.

S'arrêter à cette approche globale aboutit à présenter l'harmonisation des moyennes entre correcteurs comme un gage d'équité évaluative. Or une telle procédure manquerait son but. Le relèvement des notes des candidats notés par les correcteurs lillois – les plus sévères – n'aurait pas supprimé un phénomène *a priori* paradoxal : l'ajournement de candidats qui ont obtenu des notes sensiblement meilleures avec les correcteurs les plus sévères ! Notés par les correcteurs les plus sévères, trois candidats de l'échantillon obtiennent de meilleures notes. Ces trois candidats représentent 100 candidats sur l'ensemble de la population des candidats de l'académie de Lille. Ce qui est en question ne tient pas seulement aux écarts de moyennes entre les quatre jurys constitués par l'enquête, écarts qui déterminent des taux de réussite différents selon les académies, mais tient aussi à la différence de classements des compétences scolaires opérés par les correcteurs des trois académies.

Pour approfondir l'enquête, il faut examiner, copie par copie, les notes attribuées par les correcteurs. Sur 120 copies, 4 seulement (3,33 %) obtiennent la même note à Lille, Poitiers et Nancy. Si la comparaison s'effectue seulement sur deux séries de notes, celles données par les correcteurs de Lille et celles en provenance de Poitiers, le désaccord entre les correcteurs sur la valeur des copies est, pour près d'une copie sur deux, égal ou supérieur à trois points. Mais les désaccords entre ces correcteurs de sciences économiques et sociales sont aussi, assez souvent, d'une ampleur dépassant largement cet écart, et se manifestent par des appréciations très différentes sur une même copie.

Les appréciations présentées ci-dessous, portées sur des dissertations de sciences économiques et sociales dans le cadre de cette expérience de multi-correction, témoignent abondamment de la divergence d'appréciation des correcteurs. La mise en œuvre de pondérations différenciées sur des critères d'appréciation flous débouche sur des notations totalement différentes.

Copie n° 19064

Note du correcteur de Lille : 15/20

Commentaire général de la copie :
« Des connaissances solides et nombreuses.
Une assez bonne utilisation des documents difficiles.
Construction moyenne »

Note du correcteur de Nancy : 5/20

Commentaire général de la copie :

« Introduction et conclusion ne remplissent pas leurs fonctions.

Quelques idées mais l'ensemble est très brouillon (plan et expression française). Les documents sont mal exploités ».

Outre une divergence notable des correcteurs sur la capacité du candidat à procéder à une « bonne utilisation » des documents (commentaires : « une assez bonne utilisation des documents difficiles » et « les documents sont mal exploités »), les appréciations écrites divergent aussi quant à l'importance des qualités formelles de la copie corrigée : « construction moyenne » ou « ensemble très brouillon ». De telles divergences d'appréciation, qui n'excluent nullement le consensus sur des critères formels de jugement (par exemple, accorder de l'importance à la construction de la copie), fondent une différence considérable de notes attribuées par les correcteurs (15/20 et 5/20). En prenant en compte le coefficient de l'épreuve (coefficient 7), ce candidat aurait pu éventuellement disposer de 70 points supplémentaires s'il s'était présenté au baccalauréat dans l'académie de Lille et non pas dans celle de Nancy ! Une telle divergence ne constitue pas une exception. Pour une même copie, l'analyse peut être jugée « assez confuse » par l'un des correcteurs et le « devoir bien structuré » par l'autre. Ou bien, le devoir est caractérisé par une « analyse superficielle » ou au contraire par un « propos ferme et cohérent ». Le « sujet non traité » s'oppose aussi « à une réflexion intelligente » :

Copie n° 19075

Note du correcteur de Lille : 8/20

Commentaire général de la copie :

« Analyse assez confuse au niveau de l'argumentation.

Pas de connaissances.

Un seul point positif : la compréhension des documents ».

Note du correcteur de Nancy : 16/20

Commentaire général de la copie :

« Devoir bien structuré et qui apporte des réponses argumentées aux problèmes posés par le sujet. Les documents sont utilisés et parfois après transformation. La troisième partie est cependant confuse ».

Sur 120 copies de baccalauréat de sciences économiques et sociales corrigées par cinq professeurs, 40 % (39,17 %) des copies corrigées se caractérisent par des écarts de notation, pour une copie donnée, égaux ou supérieurs à 5 points. Les écarts de notes supérieurs ou égaux à 7 points concernent plus de 14 % des copies corrigées. Le cas peu ordinaire est en fait constitué par la similitude des notes entre les correcteurs...

Les divergences notables d'appréciation reflètent la diversité des lectures professorales et l'absence d'une définition effective de ce qui distingue une bonne et une mauvaise copie. Ce résultat est-il généralisable aux disciplines utilisant un barème précis de notation ?

Expertise professorale et usage d'un barème de notation

Le sentiment d'une exactitude de la notation dans les disciplines scientifiques tient, en mathématiques, en physique ou en sciences de la vie et de la terre, à l'utilisation d'un barème d'autant plus détaillé que ces disciplines ont des exigences affichées d'exactitude et de rigueur. Les différences de notation entre les disciplines littéraires et les disciplines scientifiques sont marquées communément par cette référence ou non au barème. Lorsque les correcteurs ont recours à un barème de correction, l'aléa de la notation peut-il être considéré comme négligeable ?

L'expérience a été menée par un professeur de mathématiques en terminale scientifique (Aymes, 1979). Il a soumis huit copies de baccalauréat à la notation de dix correcteurs des épreuves du bac. Chaque correcteur disposait du barème détaillé utilisé par tous les correcteurs de l'épreuve. Cette recherche apporte des résultats tout à fait instructifs.

Première constatation, l'écart entre les notes attribuées sur la même copie par les dix correcteurs de mathématiques est loin d'être négligeable alors même que le nombre de correcteurs est relativement limité. Pour une même copie, la note la plus élevée est de 16,5/20, la plus faible est de 12/20. Compte tenu du coefficient de l'épreuve (7 en 2007), cette différence de 4,5 points sur une même copie est équivalent à 31,5 points de différence dans le total des points du candidat (4,5 × 7 = 31,5 points).

Deuxième constatation, l'utilisation d'un barème de notation au point près, voire au demi-point près, ne constitue pas une garantie de précision de la correction. Les écarts de notation peuvent être nuls ou très limités entre les correcteurs sur des questions notées sur deux ou trois points. Inversement, une grande incertitude peut caractériser la notation d'une question notée sur un point, voire un demi-point. Autrement dit, un nombre élevé de points attribués à une question ne signifie pas forcément une incertitude plus grande de la correction. Le désaccord maximum entre les dix correcteurs est d'ailleurs obtenu à une question notée sur un point seulement...

La finesse d'un barème ne permet la précision de la notation que s'il existe une définition précise, entre les différents correcteurs, sur ce qui est attendu exactement pour telle ou telle question, que celle-ci soit notée sur trois points ou un seul. Un tel constat indique qu'il ne faut pas attendre une grande efficacité de l'introduction d'un barème dans la correction d'une dissertation en dehors d'une socialisation longue des correcteurs à des exigences effectivement communes. La discussion sur un barème constitue évidemment une des modalités de cette socialisation évaluative.

Dans cette expérience de multi-corrections d'un devoir de mathématiques, l'application la plus sévère du barème (par addition du nombre de points minimum accordés par chacun des 10 correcteurs) et l'application la plus indulgente du barème, calculée de façon inverse, permet d'établir un intervalle possible de notes pour une même copie, proche de celui constaté en français par la multiplication des correcteurs. Le principe de ce calcul tient au fait qu'aucun des dix professeurs ne se montre le plus sévère ou le plus indulgent pour l'ensemble des questions du barème (Aymes, 1979, 795) :

copie n° 2 : minimum : 8/20, maximum : 15/20
copie n° 7 : minimum : 9,5/20, maximum : 17,25/20
copie n° 8 : minimum : 9,25/20, maximum : 16,75/20[1]

Les écarts possibles de notation, produits par l'application la plus sévère et la plus indulgente du barème pour chaque question par les dix correcteurs, sont finalement de l'ordre de 7 à 8 points. Cet écart est voisin de celui constaté dès 1936 par la commission d'enquête sur la correction d'écrits au baccalauréat. Cet écart signifie que les jugements des professeurs de mathématiques, comme les jugements des professeurs de lettres, constituent, de façon identique, des variables aléatoires suivant approximativement des lois normales. Toutefois, la dispersion des notes en mathématiques, lors d'expériences de multi-correction, est moins étendue que celle constatée en français. L'enquête de 1936 sur la correction des écrits du baccalauréat rend compte à sa manière de cette différence, en indiquant que pour obtenir la « vraie note » d'une copie, il faudrait faire la moyenne des notes attribuées sur une même copie par 78 correcteurs de français et 13 correcteurs de mathématiques (Laugier

1. Une expérience de multi-correction portant sur une copie de mathématiques (54 correcteurs) et une copie de français (58 correcteurs) (classe de troisième) a donné des résultats comparables. L'écart maximum des notes est de 13 points en mathématiques (de 4 à 17/20) et de 11 points pour la copie de français (de 4 à 15/20). *Les Amis de Sèvres,* 2, 1968.

et Weinberg, 1936, 111). Les espoirs d'exactitude de l'expertise professorale portés par l'usage d'un barème de correction élaboré collectivement ne sont donc pas fondés. Il en est de même d'ailleurs des autres procédures de jugement ayant recours à des experts[1].

Les recherches anciennes et récentes relatives à la correction des copies du baccalauréat aboutissent au même résultat : l'aléa de la notation est considérable dans les disciplines scientifiques, plus accentué encore dans les disciplines littéraires. Ne pouvant prétendre à l'exactitude ni même à l'équité, les épreuves du bac font régulièrement l'objet de dénonciations, y compris de la part des professeurs.

Les dénonciations professorales

Toute enquête auprès des correcteurs de baccalauréat débouche sur des discours de contestation. Ceux-ci portent tout particulièrement sur le choix des sujets du bac et sur le non-respect des barèmes de correction.

> « On choisit des sujets qui ne sont pas faisables [...] On leur sort du Nietzsche à tout bout de champ. Et ce texte de Nietzsche, les bons élèves pouvaient en tirer partie, mais un élève moyen ne pouvait pas en tirer partie [...] Moi, je ne sais pas ce qu'on attend des élèves » (professeur certifié de philosophie).

> « Exemple de sujet proposé : "la modernité d'une œuvre littéraire". Certains professeurs ont eu le courage d'avouer, déjà, le fait de ne pas trouver... de trouver la notion de modernité bien complexe... Alors comment ose-t-on présenter à des élèves de première d'affronter un tel sujet ? Je trouve ça inadmissible d'une certaine façon » (professeur auxiliaire de lettres).

> « J'ai fait un petit relevé à droite à gauche des erreurs sanctionnées par certains (professeurs) sur les copies (de baccalauréat). Bon, c'est rendu à l'inspection. On verra ce qu'ils feront avec ça. Ce sont des cas de non-respect de barème » (professeur certifié de mathématiques, examinateur en terminale scientifique).

Ces dénonciations individuelles restent le plus souvent internes à l'institution. Les professeurs sont tenus par leur statut de fonctionnaire à un devoir de réserve. Contester publiquement la faisabilité d'un devoir de baccalauréat serait une faute professionnelle. Lorsque cette contestation s'exprime en dehors de la salle des professeurs, elle prend la forme de lettres ou de pétitions adressées à l'IPR (Inspecteur pédagogique

1. Suite à des accidents invalidants, le calcul du pourcentage d'invalidité permanente partielle (IPP) calculé par les médecins experts est réalisé à partir de barèmes très précis permettant de décomposer une invalidité physique en plusieurs unités élémentaires d'invalidité. L'usage de ces barèmes n'exclut pas des écarts parfois nets entre la première expertise et la contre-expertise nécessitant le recours à une sur-expertise.

régional) de la discipline. Quelques-uns des professeurs interrogés ont fait part de leur participation à de telles démarches.

Seules les épreuves du baccalauréat particulièrement contestées laissent des traces écrites de contestations professorales collectives. Il existe des exemples fameux qui font désormais partie de l'histoire du baccalauréat. Ainsi, lors de la session de juin 1978, pour l'épreuve de mathématiques, plusieurs membres de jurys ont protesté officiellement :

> « Les professeurs de mathématiques des jurys X, X, X, soussignés s'élèvent avec véhémence contre le choix du texte de l'examen de la série C [devenue la série S après 1994] qui ne correspond pas à l'esprit de l'enseignement donné actuellement en classe de terminale C et contre la longueur de ce sujet [...] Ils s'interrogent sur le fonctionnement de la commission qui a choisi un tel sujet [...] La question *d)* s'adressait à quelques élèves de spéciale M' [classes préparatoires en mathématiques] venus composer par erreur au baccalauréat »[1].

Toujours dans la série scientifique, en 2003, la difficulté toute particulière de l'épreuve de mathématiques a imposé l'élaboration d'un barème au-dessus de 20 points. Ces doléances professorales sont parfois relayées par des protestations davantage publiques telles qu'elles émanent de commissions dûment mandatées pour étudier quelques problèmes essentiels d'une discipline. La Commission de philosophie et d'épistémologie a sur ce point rédigé un rapport exemplaire sur la question de la faisabilité des sujets dans cette discipline :

> « Le souci légitime, autrement dit la bonne intention d'échapper à la simple question de cours, conduit :
>
> — à ce que des questions d'une extrême diversité puissent être posées sans que les élèves aient eu matériellement la possibilité de s'y préparer efficacement ;
> — à ce que le lien de ces questions avec le programme soit suffisamment oblique pour que les élèves soient contraints d'inventer de toutes pièces le cadre même de leur réflexion, ce qu'on ne saurait raisonnablement exiger d'un élève moyen de terminale ;
> — à ce que la formulation des questions elles-mêmes soit souvent si énigmatique que la plupart des élèves sont hors d'état d'identifier simplement le problème posé ;
> — à ce que le sens philosophique des textes soumis au commentaire, indépendamment de tout contexte, de toute référence, de toute question [...] soit rigoureusement hermétique à la plupart des candidats » (Bouveresse, Derrida, 1989, 10).

1. Le barème de correction des copies du baccalauréat fut porté à 28 sur 20, et avec l'application de celui-ci près de 60 % des candidats avaient une note égale ou inférieure à 5/20. Lire l'article : Le baccalauréat C, à quoi joue-t-on ?, *Bulletin de l'Association des professeurs de mathématiques de l'enseignement public,* n° 316, 1978, 877-885.

Les revues professionnelles des enseignants sont aussi un moyen d'expression collective de l'inadéquation des sujets. Il en est ainsi de l'ASES, la revue des professeurs de sciences économiques et sociales.

> « Le sujet de dissertation en métropole a été jugé bien posé et nous nous en réjouissons. La question de synthèse suscite, par contre, de vives critiques (...). Il existe un problème de fond car plusieurs des questions posées sont hors programme (...). Il nous semble qu'une réflexion est à mener pour permettre aux élèves d'être évalués sur ce qu'ils ont appris et que les apprentissages menés en classe soient utiles le jour du baccalauréat » (lettre à l'inspection générale, 7 juillet 2006) (*Revue de l'association des professeurs de sciences économiques et sociales*, n° 52-53, décembre 2006, 19).

De façon fréquente, les professeurs jugent les sujets « mal posés », « hermétiques », « énigmatiques », ou non conformes à « l'esprit » de l'enseignement. La règle de justice sollicitée par les professeurs contestataires est celle d'une nécessaire adéquation entre l'enseignement effectivement dispensé aux élèves et les niveaux d'exigences définis par la difficulté des épreuves de l'examen.

Les dénonciations professorales sont inséparables d'une interrogation sur leur rôle d'enseignant. Tous les discours sur l'impossibilité de préparer convenablement les lycéens, sur la difficulté de « boucler » le programme, antienne professorale ordinaire des salles des profs, manifestent un sentiment d'impuissance. Ces contestations témoignent d'une incertitude sur la mission même du professeur telle qu'elle est définie par les libellés des sujets. À ne pas savoir ce qui est attendu des élèves (« Moi, je ne sais pas ce qu'on attend des élèves »), l'enseignant ne saisit plus ce qui est attendu de lui par l'institution. Le sentiment du « honteux » exprimé par certains professeurs tient à ce que les difficultés de certains sujets de bac constitue une atteinte au contrat didactique implicite qui légitime le sens de l'examen, la compétence professionnelle du professeur et sa capacité à noter de façon équitable. L'épreuve équitable est aussi, dans les propos recueillis, celle qui respecte les efforts du maître qui prépare ses élèves à l'examen.

Les dénonciations professorales relatives à l'inadaptation des sujets sont fréquentes mais non consensuelles. Un nombre minoritaire de professeurs enquêtés tiennent un discours radicalement différent : « Il y a les profs qui gueulent contre les sujets infaisables. Alors j'ai toujours cherché ce que ça pouvait cacher : est-ce que, vraiment, les sujets étaient infaisables ou est-ce que le prof n'avait pas traité le sujet d'où la réponse facile : c'est infaisable » (professeur certifié d'histoire). Le propos opère une sorte de renversement de la preuve. Ce ne sont pas les modes de mesure de la compétence des lycéens qui sont à suspecter, voire à dénoncer, mais la compétence de ceux qui les préparent à l'examen et qui ont failli à leur mission. La mesure de la compétence des candidats est perçue *a priori* comme institutionnellement juste.

Cette position est minoritaire. La majorité des professeurs se pose la question de la faisabilité des épreuves et de l'équité de la correction. Cette préoccupation est depuis longtemps centrale pour les corps de direction du ministère de l'Éducation nationale. Elle s'est traduite par la mise en place de commissions qui poursuivent un double objectif : élaborer des sujets conformes au programme et assurer une correction plus équitable.

Les commissions d'élaboration des sujets

L'organisation actuelle des épreuves du baccalauréat a tenté de pallier les aléas de la notation tout particulièrement par la mise en place de commissions. Les membres de ces commissions sont en quelque sorte les garants et acteurs de la mise en œuvre des principes de justice scolaire associés à l'examen.

L'élaboration des sujets et l'impératif de la faisabilité

Toute une réglementation pléthorique et touffue (décrets, circulaires et notes) aborde cette question du choix des sujets du baccalauréat. Si les sujets ne sont pas conformes aux programmes d'enseignement, sont d'une longueur excessive ou d'une difficulté trop grande, les correcteurs du baccalauréat sont dans l'impossibilité d'effectuer convenablement leur travail puisque les barèmes de notation ne sont pas applicables. Il en découle des aléas de notation encore plus considérables. L'exemple, déjà cité, de l'épreuve de mathématiques de 1977, en terminale scientifique, est emblématique des dérives constatées à l'époque. La non conformité trop fréquente des sujets a débouché sur une nouvelle organisation d'élaboration des sujets du baccalauréat.

L'actuelle réglementation est stabilisée depuis 1984. Avant cette date, des professeurs désignés par l'inspecteur pédagogique régional construisaient leurs sujets sans aucune concertation. Une fois confectionnés de façon individuelle, ces sujets étaient choisis par une commission *ad hoc*. Cette organisation favorisait les sujets peu adaptés. Sollicités par leur inspecteur pédagogique régional, les professeurs qui confectionnaient les sujets, souvent des agrégés, désiraient montrer à leur supérieur hiérarchique leur compétence disciplinaire en élaborant des sujets finalement difficiles. Le souhait de se faire valoir prévalait sur la nécessité de prendre en compte le niveau effectif des candidats. Les inspecteurs pédagogiques qui choisissaient les sujets, massivement des anciens agrégés, avaient, les années passant, une connaissance devenue imprécise du niveau moyen des élèves. Les sujets finalement retenus favorisaient l'originalité plutôt que l'accessibilité.

À partir de 1984, ont été créés des *commissions d'élaboration* des sujets impliquant un travail collectif d'élaboration. La préparation collégiale des sujets permet la confrontation et la critique des questions et sujets déconcertants pour l'élève moyen. Dans la nouvelle organisation, l'élaboration des sujets est complétée par le recours à des « cobayeurs ». Ceux-ci ont pour mission, indépendamment de la Commission de choix, de tester les sujets et de rédiger des remarques sur leur faisabilité. Cette procédure améliore sensiblement la procédure antérieure. Toutefois, les cobayeurs ne sont pas anonymes. La rédaction d'un rapport mitigé sur le sujet testé peut être perçue par l'inspecteur pédagogique régional comme des critiques directes des professeurs-auteurs des sujets. Les cobayeurs adoptent généralement la règle en vigueur dans l'éducation nationale : les rapports écrits sont marqués par l'euphémisme. L'habitude est de voiler les critiques à tel point qu'elles n'apparaissent plus qu'entre les lignes. Si les cobayeurs constituent un progrès considérable, ils ne constituent pas la panacée indiscutable.

Outre l'élaboration collégiale des sujets, le mode de sélection des professeurs membres des commissions d'élaboration des choix des sujets a également été revu. Dans un souci de démocratie scolaire, les professeurs de lycée désignés doivent être choisis dans des établissements représentatifs, par leur diversité, de l'ensemble du tissu scolaire de l'académie. Antérieurement, pour faciliter l'organisation des réunions, étaient préférentiellement choisis des professeurs en poste dans la ville où se situait le rectorat d'académie. Compte tenu des modalités de carrière des enseignants, les professeurs les plus anciens, en poste dans les meilleurs lycées, se trouvaient plus fréquemment choisis.

La nouvelle exigence de représentativité professorale a été complétée par la prise en compte de la dispersion des compétences disciplinaires autour de « l'élève moyen ». Aussi banale que l'expression puisse paraître, elle constitue une reconnaissance réglementaire de l'existence de lycées regroupant des élèves d'un niveau supérieur à la moyenne et inversement. La prise en compte de l'élève moyen et la constitution d'une commission d'élaboration des sujets avec des professeurs en poste dans des établissements représentatifs poursuivent un objectif commun : l'accessibilité des sujets au plus grand nombre.

La précision des règles relatives à l'élaboration des sujets a pour objet d'instituer entre candidats et correcteurs un contrat clair qui limite les malentendus et les écarts de notation. Cette idée du contrat – contrainte réciproque qui engage des personnes – contribue à l'équité des épreuves du baccalauréat. Les nouvelles directives réglementaires visant à s'assurer d'une plus grande faisabilité des sujets du baccalauréat prennent finalement en considération les contestations des professeurs mais également celles des parents et des lycéens. Cependant, malgré les progrès incontestables autorisés par la réglementation de 1984, subsistent toujours des sujets peu accessibles comme en témoigne l'exemple, déjà cité, de l'épreuve de mathématiques en terminale scientifique en 2003. Comment expliquer, malgré les précautions prises, la persistance d'un certain nombre de dérives ?

Des interprétations professorales divergentes de la réglementation

Malgré sa précision et ses injonctions normatives, la réglementation relative à l'élaboration des sujets du bac ne permet pas, de façon automatique, l'existence de sujets accessibles à l'élève moyen, tout particulièrement dans les disciplines dites littéraires pour lesquelles les dénonciations professorales sont particulièrement marquées. Pourquoi cette impuissance relative de la réglementation ? Quels processus sociaux propres à l'élaboration des sujets autorisent la mise au point de sujets jugés parfois « inadmissibles » par les professeurs ?

Lors de l'élaboration des sujets, outre que les concepteurs des sujets mettent en jeu, face à leurs pairs, leurs propres compétences professionnelles – ce qui explique en partie la difficulté finale des sujets – une ligne de partage sépare *grosso modo* les professeurs selon deux conceptions différentes de la justice scolaire.

À une conception qu'il est possible sommairement de qualifier de « sélective » ou « élitiste » – l'examen doit permettre de ne retenir que les meilleurs – s'oppose une conception qui subordonne l'obtention de l'examen à un niveau de connaissances correspondant à la moyenne des élèves. La moyenne correspond, en l'occurrence, à la possibilité d'admettre les trois quarts des candidats étant donné le taux de réussite moyen. Cette seconde conception de la justice scolaire n'est pas sans rapport avec l'objectif de l'allongement de la scolarisation fixé par la loi d'orientation de 1989 et la transformation de l'obligation scolaire en un droit à l'éducation (loi d'orientation du 10 juillet 1989). Selon la conception du baccalauréat retenu : le sujet sélectif se substituera ou non au sujet dit classique, c'est-à-dire sans difficulté particulière.

Les débats parfois tendus qui ont lieu dans les commissions d'élaboration des sujets ont pour enjeu la définition des compétences exigibles. À travers celles-ci, des conceptions divergentes du baccalauréat et des règles de justice à mettre en œuvre s'affrontent. « En commission [d'élaboration des sujets], j'ai eu des désaccords profonds, à la limite de l'engueulade avec certains collègues qui feraient bien de redescendre sur terre de temps en temps, qui posent des sujets qui ne sont pas de niveau terminale. Les exigences de certains collègues étaient complètement démesurées et me semblaient aboutir à des non-sens » (professeur membre d'une commission d'élaboration de sujets).

L'élaboration, parfois conflictuelle, des sujets de baccalauréat poursuit une finalité directe : une adaptation de l'examen au niveau des compétences de l'élève moyen. Elle poursuit aussi une finalité indirecte. L'examen national favorise une appropriation par l'ensemble des professeurs de normes de compétences communes. En effet, les enseignants s'inspirent très généralement des annales du bac pour tester en cours d'année les connaissances de leurs élèves. L'existence des annales autorise un resserrement des compétences disciplinaires exigées en classe terminale. La suppression d'un examen national aurait certainement comme effet pervers la disparition de références communes de compétences et une dispersion accrue des contenus d'enseignement.

Les commissions d'harmonisation des corrections

La réglementation relative à l'harmonisation des corrections des copies du baccalauréat est le produit d'une exigence sociale. L'harmonisation des corrections est une nécessité pour préserver l'image du baccalauréat auprès des élèves et des parents. La façon de corriger les copies doit démontrer l'existence de l'égalité de traitement des candidats face à l'examen, convaincre les professeurs de l'équité de la notation.

L'exigence d'équité est indissociable du maintien de l'ordre scolaire. L'harmonisation des règles de correction a pour objectif d'endiguer les demandes d'informations et les contestations formulées par les candidats qui manifestent un doute vis-à-vis de la justice scolaire. Il s'agit aussi de limiter les contestations médiatisées. Avec la mise en évidence de notations radicalement divergentes concernant les mêmes copies, les chercheurs et les journalistes mettent en œuvre une capacité critique qui remet en cause la prétention à la légitimité de l'institution scolaire. Celle-ci est finalement tributaire de tests de validité (Pharo, 1990) auxquels parents, élèves et professeurs ont recours lorsqu'ils doutent de l'équité de l'examen.

Ainsi, la copie de la lycéenne, deuxième au concours général de philosophie et notée 1/20 dans cette discipline au baccalauréat (*Événement du jeudi,* n° 506, 1994), constitue un test de non validation de la pertinence de la correction : comment un élève jugé particulièrement brillant en philosophie en classe terminale peut-il appartenir, quelque mois plus tard, à la catégorie des plus médiocres ? Un tel constat ne démontre-t-il pas la fragilité des critères d'appréciation des correcteurs ? Le test le plus général de validité est énoncé implicitement par un des professeurs de mathématiques interrogé : « On pourrait considérer, globalement, que c'est une institution [le bac] qui fonctionne bien puisqu'elle ne donne pas lieu à des surprises. »

Les contestations des épreuves du baccalauréat s'appuient généralement sur un principe juridique central : l'égalité de traitement des candidats. Celui-ci constitue le moyen légal de mise en cause avec succès des modes de mesure des compétences individuelles devant une juridiction administrative lorsque la preuve de l'inégalité de traitement peut être apportée[1]. Le principe d'égalité de traitement, la jurisprudence en vigueur, la défense de l'image sociale du bac constituent des contraintes fortes dans l'organisation du baccalauréat et favorisent une harmonisation des échelles de notation des correcteurs afin de limiter les aléas de la correction.

1. À la session d'octobre 1981 du DEUG mention « droit » de l'Université de Montpellier, les étudiants ont été répartis en deux groupes de 177 et 76 candidats. Les deux professeurs chargés de la correction de chaque groupe ont appliqué des échelles de notation substantiellement différentes. « Eu égard à l'ampleur de ces différences, le principe d'égalité entre les candidats a été méconnu ». Conseil d'État, 27 mai 1987, Mme Lombardi-Sauvan et A. C. Université de Montpellier, Req. n° 44439 (cf. *J.-Cl. administratif,* fasc. 230). De façon plus générale, le juge se refuse à tout contrôle juridictionnel sur la valeur intrinsèque de la copie : son contrôle de la notation ne repose que sur une appréciation extrinsèque à la copie, sur le respect de règles formelles de justice. Cf. aussi J. Laveissière (1981), Les « mal notés » et le juge, *Actualité juridique droit administratif,* 20 mars, 1981, 119-127.

L'harmonisation des corrections : la recherche incertaine de l'accord

Dans chaque discipline, l'harmonisation des corrections se réalise dans deux types de commissions. La première commission, dite d'harmonisation, composée « d'enseignants expérimentés », est animée par l'inspecteur pédagogique régional. Elle se réunit pendant ou immédiatement après les épreuves écrites. Chacun des enseignants présents à cette réunion d'harmonisation anime ensuite une « réunion d'entente » propre à chaque centre d'examen. Cette seconde réunion permet à chaque correcteur de disposer des consignes de correction mises au point au cours de la première réunion.

L'existence de ces deux commissions est une nécessité pratique. La mise au point d'un barème est une opération délicate nécessitant tractations et concessions, c'est-à-dire un processus d'inter-compréhension des correcteurs. Dans certaines disciplines, en mathématiques et en sciences naturelles notamment, sont introduits des « bonus » et des « malus », sorte de primes ou de sanctions s'exprimant en termes de points, dont l'objet est de récompenser les qualités spécifiques d'une copie ou de pénaliser des fautes particulièrement graves. Dans les autres disciplines du baccalauréat, telles que le français, l'histoire-géographie ou la philosophie, le barème est généralement formel et se réduit à des directives aussi claires dans leur principe que délicates à mettre en œuvre de façon identique par tous les correcteurs.

Le déroulement de ces commissions d'harmonisation et d'entente donne lieu assez rarement à des prises de positions professorales publiques dans les réseaux d'informations professionnelles. Les positions des professeurs interrogés sur les modes de fonctionnement de ces commissions sont marquées par deux sentiments contradictoires. Le sentiment de l'inutile est très présent. Une partie des entretiens est également marquée par une contestation parfois vive du fonctionnement des commissions d'harmonisation, tout particulièrement dans les disciplines qui n'élaborent pas de barèmes.

> « C'est bon qu'on se rencontre, mais je pense que ça ne modifie pas la pratique. Surtout que pour nous, il n'y a pas de barème, donc je pense que ça ne change pas la pratique » (professeur agrégé de grammaire).

> « Je pense que c'est bien, c'est bien et dérisoire quand même. C'est mieux que pas du tout, mais ça me paraît terriblement dérisoire » (professeur contractuel de lettres).

> « C'était encore plus bordélique que d'habitude [la commission d'entente]. On avait pas d'éléments de corrigé [de la commission d'harmonisation]. On n'a pas

été capable de se mettre d'accord sur ce que ça voulait dire "analyser". Certains trouvaient que les élèves pouvaient faire "constat, causes, conséquences", d'autres qu'il ne fallait pas parler des conséquences... Chacun est parti de son côté et démerdez-vous ! » (professeur agrégé de sciences sociales).

Dans la plupart des entretiens qui mettent en doute l'utilité des commissions d'entente, le principe d'une réunion pour tenter d'élaborer des normes communes d'évaluation reste admis. Le problème non résolu est celui des bases d'un accord. Une minorité d'examinateurs souhaiterait la mise en œuvre d'un barème de correction à l'instar des mathématiques. Mais, pour la majorité des professeurs interrogés, la reconnaissance de la nécessité de la réunion d'entente ne débouche sur aucune proposition concrète pour substituer l'utilité espérée à l'inutilité déclarée. Il existe une sorte d'incommunicabilité professorale sur la définition possible de modes communs d'évaluations applicables lors de la correction des devoirs du baccalauréat. En raison de l'enjeu constitué par l'élaboration de règles de correction commune, la recherche des fondements pratiques de la justice scolaire est entachée par les cris de la discorde : « Personne n'était d'accord, j'ai cru qu'on allait sortir (de la réunion d'entente) avec des yeux au beurre noir » (professeur certifié de français).

Le sentiment de l'inutile, très présent chez certains professeurs, est concomitant d'une certaine sérénité. « Ça marche bien [les commissions d'entente], il y a quelqu'un qui est chargé d'expliquer le barème. Il n'y a pas de problèmes particuliers » (professeur certifié de physique). « Le barème est établi par question. Dans l'ensemble, on est d'accord, je n'ai jamais assisté à des commissions où... » (professeur agrégé d'histoire), etc.

Cette position de confiance à l'égard du barème et des directives de correction élaborées par la commission d'harmonisation témoigne d'une certaine confiance à l'égard des règles de justice scolaire : un barème est établi, ce barème est communiqué aux professeurs et ceux-ci l'appliquent. D'une façon paradoxale, les professeurs qui font part de sérénité expriment aussi des doutes.

« Je sais qu'il y a des gens qui ne suivent pas totalement le barème, qui interprètent le barème à leur façon. C'est peut-être pour ça qu'une copie examinée par le même correcteur n'obtient pas la même note parce qu'ils ne sont pas contents certainement de la façon dont le barème est fait [par la commission d'harmonisation] » (professeur certifié de physique précité).

« Étant donné les sujets (de bac), on estime qu'il faudra être coulant sur tel ou tel sujet, mais je ne suis pas sûr que les correcteurs en tiennent compte » (professeur agrégé d'histoire précité).

« Les gens (les correcteurs) sont pas d'accord, c'est aberrant ! Pourquoi mettre autant de points sur cette question ? Alors, c'est là que l'on voit le caractère des gens. Ceux qui veulent, à la limite, pas de points sur les questions faciles, et puis ceux qui disent il faut mettre des points sur les questions faciles, sinon, où va-t-on mettre des points ? On voit très bien, d'après les réactions des gens, ceux qui vont noter gentils et ceux qui ne vont pas noter gentils. Et tout le monde a le même barème... Il y a le barème et l'esprit du barème » (professeur certifié de mathématiques).

La sérénité et le doute ne portent pas sur les mêmes objets. La sérénité renvoie à une adhésion confiante vis-à-vis de la justice scolaire ; le doute a sa source dans l'indiscipline éventuelle d'une partie des collègues lors de l'application du barème. Ce n'est pas tant le barème qui est en cause que les professeurs qui ont la charge de l'appliquer et, plus particulièrement, ceux « qui ne peuvent pas travailler avec d'autres », qui font de « l'individualisme forcené », « le prof à l'ancienne », « le maître qui donne son savoir » (professeur certifié de mathématiques précité).

L'examinateur discipliné conçoit son rôle comme un exécutant du barème, un garant d'un intérêt général auquel il adhère pleinement.

« Quand on corrige le bac, il ne faut pas se prendre pour plus qu'on est. On n'est pas là pour rendre sa justice à soi. On est des exécutants. On est des fonctionnaires qui appliquent un barème et rien d'autre. Le jour du bac, il faut avoir un peu de modestie pour s'oublier un peu » (professeur agrégé de mathématiques).

Mais ce principe de justice scolaire produit par l'application consciencieuse du barème tel qu'il a été défini par la commission d'harmonisation est concurrent d'un principe de souveraineté professorale. Une partie des professeurs, souvent plus âgés, met en cause plus ou moins explicitement les consignes de correction de la commission d'harmonisation : « Le barème, c'est un peu une atteinte à notre liberté » (professeur agrégé de mathématiques, 35 ans d'ancienneté).

Identité sociale du correcteur et normes de correction

Pour autant que les correcteurs du bac adoptent le barème établi par la commission d'harmonisation, la question centrale est celle de sa mise en œuvre. Les entretiens mettent en exergue des clivages sensibles parmi les professeurs, voire des conflits de valeur. La dichotomie opérée par certains enseignants interrogés entre les correcteurs « gentils » et les « non-gentils », introduit une concurrence entre deux modalités, déjà présentées, de mesure de la compétence des candidats. Les « gentils » sont favorables à l'objectif ministériel d'une augmentation sensible du nombre de bacheliers. Ils enseignent plus souvent dans des établissements accueillant un public de « nouveaux lycéens » issus des classes moyennes et populaires.

Les « non-gentils » adhèrent davantage à une conception élitiste de l'enseignement, à la nécessité d'une sélection qui serait garante de la valeur scolaire des diplômes, à un principe de justice à l'égard des générations précédentes, conformément à l'idée qu'il ne faut pas « brader le bac ». Tels professeurs de mathématiques, plus souvent agrégés, en poste dans des lycées « cotés », sont parfois mis à l'index par les enseignants de lycées périphériques et sont perçus par ces derniers comme ignorants des possibilités effectives d'une majorité d'élèves : « Ces profs qui vont laisser rien passer, ceux qui pénalisent tout (...). Le monde pourrait s'écrouler, ils ne le verraient pas » (professeur certifié de mathématiques, lycée périphérique). Ces professeurs – « ceux qui pénalisent tout » – plus souvent enseignants dans des lycées d'excellence, sont plus fréquemment agrégés et d'origine sociale supérieure.

Les clivages du corps professoral se superposent parfois avec des divergences sur la mission de l'enseignant et les formes de notation : « L'idéologie peut intervenir, ou bien dans le sens d'une sévérité excessive, d'un élitisme à tout crin que l'on cherche à préserver, ou bien au contraire dans le sens opposé » (professeur certifié de philosophie). Toutefois, il n'existe pas de relations simples entre les modalités professorales d'interprétation du barème, le statut de l'enseignant, son établissement d'exercice et le niveau des élèves. L'adhésion ou non au barème de notation dépend de trop de variables personnelles et contextuelles si bien qu'il n'a pas été possible de dégager des profils types d'enseignants.

Les réunions d'harmonisation et d'entente – deux à trois heures au plus – ont réglementairement pour objet la mise en œuvre de consignes de correction partagées par tous les correcteurs. Les propos recueillis sur les modalités de la concertation professorale indiquent combien un tel projet réglementaire contient une ambition démesurée. Toutefois, il serait erroné de considérer que la réunion d'entente, qui aboutit parfois à un sentiment d'échec, ne produit aucun effet sur les participants. Malgré son inutilité déclarée, son caractère parfois « terriblement dérisoire », la commission d'entente rappelle aux participants la solidarité qui lie les correcteurs, la nécessité réglementaire de s'accorder, l'existence d'une contrainte collective dont l'enjeu est l'image du baccalauréat et l'équité des épreuves pour les candidats. En ce sens, par ce rappel du rôle à jouer, réaffirmé par l'existence même de la réunion, une sorte d'entente a lieu, en partie sur des pratiques de correction, bien que de façon variable selon les disciplines, mais surtout sur l'importance sociale de l'enjeu qui mérite bien de se réunir et d'y passer un peu de temps.

Comme l'indique un professeur, la présence obligatoire de tous les examinateurs à la commission d'entente « rappelle certains à la réalité ». Les termes utilisés par la réglementation montrent que les autorités réglementaires sont animées du même souci. Les réunions d'harmonisation et d'entente rappellent le sens social des épreuves du baccalauréat. C'est-à-dire l'existence nécessaire, à un niveau symbolique et pratique, de règles de justice scolaire.

Depuis les années 2000, la généralisation progressive de la pratique des « copies test » en commission d'entente – chaque correcteur est invité à noter la même copie de bac – a montré aux correcteurs soumis collectivement à l'exercice concret d'évaluation, l'importance des écarts de notation pour un même devoir. Ce constat a permis une plus grande prise de conscience des problèmes d'interprétation du barème et constitue une incitation forte à son respect à la fois dans la lettre et dans l'esprit.

7

Correction des copies et organisation des oraux

Les commissions d'élaboration des sujets, les commissions d'harmonisation et les commissions d'entente constituent un ensemble de contraintes qui encadrent l'activité des correcteurs. En ce sens, l'évaluation des compétences des candidats résulte déjà d'un processus de fabrication. Dans ces commissions sont définies les fautes excusables et impardonnables, et la compétence moyenne permettant l'obtention du grade de bachelier. Le contrôle strict de fabrication des sujets est donc complété par des normes d'évaluation. La notation des copies et les oraux du bac sont également encadrés par des mécanismes de régulation du travail des correcteurs.

La correction des copies

La mise en œuvre du barème : un processus encadré

Armé d'un barème ou de directives de correction, le correcteur ne semble guère, dès la lecture de la première copie, être capable d'attribuer une note. Quelle que soit la discipline, les procédures de correction mises en œuvre par les professeurs sont voisines : une sorte de « rodage » du barème est nécessaire.

> « Les premières copies, je ne sais pas combien mettre. Je mets une note au crayon, le temps de pouvoir évaluer ma fourchette (...). Au bout de quelques copies, il y a une étape de franchie, et je mets mes notes directement. Et alors là, j'assure ma vitesse de croisière » (professeur certifié de français).

Cette période d'apprentissage ne correspond pas seulement à une mémorisation des points ou demi-points à accorder à chaque question lorsqu'un barème existe mais aussi à la mise au point des significations concrètes, par rapport aux contenus des copies, de ces points ou demi-points décidés par la commission d'harmonisation. Cette mise à l'œuvre du barème dépend notamment de l'adhésion ou des réserves du correcteur à l'égard des consignes de correction.

> « Les directives nous disent maintenant de ne pas pénaliser l'orthographe, ni l'expression et tout ça, tu ne dois pas enlever plus de quatre points. Il n'empêche que lorsque tu as une copie sans accent, bourrée de fautes, illisible, etc., et bien même moi, je ne suis pas d'accord pour mettre la moyenne à une copie comme ça [...]. Moi, j'agis dans ce sens : une copie bourrée de fautes, pas d'accent, mal écrite, que je dois lire trois fois pour comprendre, je t'assure qu'elle n'a pas la moyenne. Il y a peut-être dans d'autres bahuts, des collègues qui mettent la moyenne, je crois que à C... [nom de son établissement], il n'y en a certainement pas beaucoup. Les textes nous obligeraient à être moins sévères, et moi, je crois que c'est pas une question de sévérité » (professeur certifié de français, enseignante dans un lycée à forte proportion d'élèves d'origine favorisée).

Le non respect des consignes se construit parfois sur la fidélité à des consignes antérieures auxquelles l'enquêté continue d'adhérer. Les formes légitimes de justification des pratiques d'évaluation sont des produits historiques et à ce titre se caractérisent par une stabilité certaine.

Le barème ou les consignes de correction sont en fait deux fois l'objet d'interprétation et d'apprentissage. D'abord, lorsque le professeur rend opérationnel le barème au cours des corrections des premières copies, ensuite par la liberté que le correcteur se donne explicitement. Cette liberté, entorse à l'application stricte du barème, a deux origines. Une partie des professeurs, jugeant le barème trop indulgent, est opposée au « démago des textes ». D'autres, pour faciliter leur correction, reprennent leurs habitudes de notation : globalisation du barème (notation par problèmes et non par questions), non prise en compte des « malus » et « bonus » (difficiles à établir dans la mesure où ces bonus et malus concernent un nombre réduit de copies), etc.

Ces libertés professorales à l'égard du barème sont notamment en rapport avec la contrainte de temps qui pèse sur les correcteurs. Assurer une correction assez rapide est une nécessité réglementaire : les professeurs disposent en effet d'une huitaine de jours pour corriger environ soixante-dix copies (les professeurs de philosophie – un seul par jury – doivent assurer la correction de près de cent cinquante copies en deux semaines environ). Les professeurs assurent leurs corrections en assurant un arbitrage entre une contrainte de temps et une contrainte de justice scolaire telle qu'elle est définie par l'application des règles de correction. À celles-ci s'ajoute éventuellement un principe de justice inter-générationnelle déjà évoqué : l'idée de ne pas « brader le bac ».

À ces deux contraintes, voire trois, s'ajoute une contrainte spécifique. Les professeurs doivent intégrer aussi dans leur correction une plus ou moins grande adaptation des critères de notation.

> « Le barème établi le jour de la première réunion, il est fait sans copie. À partir du moment où on a corrigé une vingtaine, une trentaine de copies, on s'aperçoit si le barème tient la route ou pas, parce que l'on a quand même des consignes qui sont d'avoir une moyenne générale qui tourne autour de 10. Il faut bien finalement qu'il y ait au moins 70 % de réussite en gros, sur l'ensemble des jurys. Donc, je pense que les profs d'eux-mêmes, rectifient légèrement le barème, de manière à rentrer dans la fourchette qui est donnée au départ pour avoir une moyenne autour de 10, si le barème a vraiment des défaillances » (professeur agrégé de SVT).

La copie ne mérite pas une note dictée uniquement par les exigences disciplinaires associées à l'examen. Une majorité de candidats doit nécessairement être reçue, une minorité ajournée. Le barème et les consignes de correction prennent leur sens pratique, au moment de la correction, en s'adaptant à cette exigence supérieure formulée en filigrane.

La façon dont les correcteurs intègrent l'exigence d'un taux de réussite minimum est forcément variable puisque les correcteurs ont à respecter au moins deux contraintes éventuellement contradictoires. La première est de respecter les consignes de correction ; la seconde est de parvenir à des moyennes de notes qui permettent un pourcentage de reçus au baccalauréat à peu près conforme aux taux habituels de réussite. Certains professeurs, par une notation indulgente, vont « ajuster » sensiblement le barème si celui-ci s'avère vraiment « défaillant », d'autres vont davantage le respecter malgré les mauvaises notes qu'ils vont attribuer. L'apprentissage du barème est un processus particulièrement complexe. Il résulte de l'intégration d'un cadre normatif défini antérieurement à la correction. Il ne prend tout son sens que dans l'élaboration d'un « mode d'emploi » propre à chaque correcteur.

Les formes collectives de correction

En raison de la difficulté de la mise en œuvre du barème, il existe des aides à la correction. Le quotidien de la correction n'est pas, contrairement à l'idée qu'il est possible de s'en faire, un exercice totalement solitaire. Outre la mise en œuvre de consignes de notation qui lient l'examinateur, tout au long de sa correction, aux décisions élaborées dans les commissions d'entente et d'harmonisation, quatre formes de communication des correcteurs entre eux apportent une dimension collective à l'activité de notation : les permanences téléphoniques, le recours au service du minitel, les communications informelles, la pression des pairs.

Les permanences téléphoniques

De façon variable selon les disciplines, il existe des « permanences téléphoniques » assurées par les membres de la commission d'harmonisation qui ont assuré l'élaboration des consignes de correction sous l'autorité de l'Inspecteur pédagogique régional. Ces permanences ont pour fonction de répondre individuellement aux questions des correcteurs, de donner des conseils. Ces permanences peuvent alerter les responsables académiques, notamment les inspecteurs pédagogiques régionaux, en cas de difficultés majeures survenant en cours de correction. Ce sont les correcteurs débutants qui sollicitent plus particulièrement les permanences téléphoniques.

Le recours des correcteurs aux permanences téléphoniques témoigne de la difficulté à mettre en œuvre des critères de notation des copies qui ne soient pas intrinsèquement objet de doute quant à leur signification. Les questions concernant la façon de corriger telle ou telle copie indiquent le souci de l'équité des correcteurs, leur adhésion à des normes communes d'évaluation. La note n'est pas, en l'occurrence, le résultat d'une justice à soi, liée à des interprétations personnelles des directives de correction. De façon paradoxale, le sentiment d'incertitude à l'égard de l'équité de la notation a parfois été augmentée par les réunions en commissions d'harmonisation et d'entente. L'échange sur les critères de correction a permis aux professeurs de mieux en saisir la complexité, voire l'impossibilité d'une notation équitable. « Pendant longtemps je l'ai pensé [que notée par un autre professeur, une copie aurait la même note], avant que ces réunions n'apparaissent vraiment » (professeur certifié de philosophie, 30 ans d'ancienneté).

Chercher à élaborer collectivement des normes de compétences est susceptible d'affaiblir la confiance des examinateurs dans leurs notes et déplace le pouvoir d'évaluation du correcteur à un introuvable collectif de juges. Les professeurs de philosophie sont davantage affectés par la difficulté d'un consensus évaluatif lorsqu'ils procèdent à une lecture de quelques copies et à la notation de celles-ci en commissions d'entente. Les résultats de ces expériences de multi-corrections ne peuvent que faire douter de l'équité de la notation. À titre d'exemple pour neuf copies (sujets de dissertation et commentaire de texte) ayant fait l'objet de neuf notations, les notes de philosophie allaient de 10 à 14 (copie 1), de 8 à 15 (copie 2), de 4 à 7 (copie 3), de 2 à 9 (copie 4), de 5 à 14 (copie 5), de 5 à 11 (copie 6), 6 à 12 (copie 7), de 9 à 15 (copie 8), de 3 à 13 (copie 9). De tels résultats d'expérience de multi-corrections qui rappellent les résultats de l'enquête Carnégie sont une source de doute, même parmi les professeurs les plus assurés de l'existence d'une vraie valeur philosophique d'une copie...

Le recours au service minitel

Outre les permanences téléphoniques, les correcteurs disposent d'un service minitel et sont amenés à saisir, en cours de correction, les notes qu'ils attribuent aux copies qu'ils corrigent. Les renseignements disponibles sur ce service témoignent clairement des attentes d'harmonisation des autorités administratives. Les examinateurs disposent en effet de la moyenne de leurs notes, de la moyenne générale des notes déjà rentrées par les correcteurs, de la distribution de ces notes sur l'échelle des notes (c'est-à-dire de l'histogramme), et de l'écart type de la distribution des notes. La question est de savoir comment ce service minitel est utilisé. Les professeurs sont partagés sur l'intérêt des informations disponibles.

Pour certains enseignants, leur travail est rythmé par l'usage du minitel :

> « Quand je corrige mon paquet de copies de français, je consulte chaque matin le minitel. Chaque matin : le minitel. J'ai ce qui est rentré en mémoire, j'ai la moyenne des copies des collègues. Ça ne change pas beaucoup ma correction, mais ça m'arrive au bac de remonter. Parfois, si j'ai 8,25 ; ça m'arrive de mettre 9, si ma moyenne n'est pas terrible » (professeur agrégé de grammaire).

Les partisans de l'utilisation du minitel considèrent les informations disponibles comme une aide à la correction permettant de se situer par rapport aux autres collègues. Le recours au Minitel permet d'interpréter de façon pratique, en termes de points, la signification que les autres correcteurs donnent aux consignes de correction.

Une partie des professeurs interrogés, sans être opposés à l'existence de ce service, manifestent cependant un certain scepticisme à l'égard des informations fournies.

> « À la limite, je trouve ça absurde, parce que je corrige assez vite après avoir reçu les copies, si bien qu'à ce moment-là, j'ai des notes qui peuvent tout modifier... C'est-à-dire que, l'objectif, c'est d'harmoniser nos notes. Mais entre les premiers correcteurs qui passent leurs notes et la moyenne définitive, il peut y avoir une

évolution de deux points, ça je l'ai constaté [...]. Si, moi, ayant passé mes notes, je modifiais à ce moment en fonction de la moyenne donnée, et bien ça correspondrait pas du tout (avec la moyenne définitive des correcteurs). Donc je transmets, comme ça, je vois un peu comme ça, mais ça n'a pas vraiment d'influence, étant donné que ce à quoi je crois, ce sont les critères » (professeur agrégé de lettres).

Un certain nombre d'examinateurs doute de l'efficacité de cette instance d'harmonisation des notes. Au mieux, il s'agit d'une forme d'harmonisation statistique, en termes de moyenne, sans rapport avec une application équitable d'un barème de correction. De surcroît, le service minitel assure un contrôle de l'application des règles seulement parmi les professeurs recherchant activement un tel contrôle de leur correction alors même que les informations fournies ne sont pas initialement représentatives de l'ensemble des notes attribuées et des normes de compétences établies par les membres des commissions.

Les communications informelles

En l'absence de service minitel, et même si ce service est disponible, les professeurs établissent parfois eux-mêmes une sorte de concertation informelle sur leurs notes, voire sur les difficultés de notation des copies. Assez fréquemment, les correcteurs prennent contact par téléphone avec au moins un collègue examinateur afin d'échanger leurs impressions sur la valeur des copies. L'idée que les moyennes attribuées doivent être à peu près voisines pour chaque membre d'un jury favorise une modification plus ou moins marginale des notes attribuées.

« J'ai envoyé un coup de fil à un collègue parce que j'étais étonné de la faiblesse des copies » (professeur certifié de philosophie).

« J'ai relevé quelques copies pour ne pas avoir une moyenne trop basse. J'arrive à 8,87 de moyenne (...). J'ai téléphoné à pas mal de collègues. C'était aussi dans l'ensemble plutôt mauvais (...). J'ai téléphoné à mon collègue qui est dans le même jury que moi. On est à peu près dans la même moyenne aux alentours de huit-neuf. J'ai eu aussi A. L. au bout du fil, il est beaucoup plus bas. Il était aux environs de huit. B. A. même chose, sur les trente premières copies du sujet un (le premier sujet), elle avait 7,5 de moyenne, elle a remonté (...). Il y a une collègue sur Rennes qui a plus de 9 (de moyenne), mais elle reconnaît qu'elle note un peu large. Tant mieux pour les élèves qui sont dans ce cas-là. Globalement, apparemment, la moyenne se situerait pour la majorité des collègues entre 8 et 8,5. Y. R. est dans ces eaux-là, M. D. est à peu près dans la même fourchette aussi, en gros 8,5 à un dixième de point près, ça me paraît la médiane » (professeur certifié de sciences économiques et sociales).

La concertation informelle semble être relativement importante, encore que probablement variable selon les disciplines. La fréquence des regroupements disciplinaires en cours d'année favorise l'interconnaissance des correcteurs. Cette concertation téléphonique informelle a pour objectif une harmonisation des notes et favorise une égalisation des moyennes des correcteurs. Elle manifeste le sentiment d'appartenance à un groupe de correcteurs et l'adhésion à des modalités communes de mesure des compétences des candidats.

Les ajustements des notes sont pratiqués aussi au nom de l'incertitude possible du jugement professoral : « Au lieu de 9, j'ai mis un 10, ce qui fait que ça a remonté un petit peu de trois dixièmes, trois à quatre dixièmes de points ma moyenne. Mais je ne suis pas allé plus loin, parce que effectivement, ça ne me semble pas correspondre à la valeur de l'élève. Ceci dit, entre un 9 ou un 10, on n'est jamais sûr, sûr » (professeur de sciences économiques et sociales).

Le relèvement des notes peut aussi avoir une finalité souvent cachée. Les élèves mal notés sont en effet susceptibles d'être présents aux oraux de rattrapage et d'alourdir la tâche des correcteurs : « Peut-être aussi, inconsciemment, pour ne pas avoir cinquante élèves à l'oral, je me disais, au lieu de mettre 9, je mets 10 » (id.).

La pression des pairs

Dépendante de l'usage de permanences téléphoniques, du service minitel et de la concertation professorale informelle, la notation des copies du baccalauréat est soumise également à ce que plusieurs correcteurs ont appelé « l'air du temps », désignant par cette expression la pression sociale produite par un discours officiel favorable à l'augmentation du nombre de bacheliers. Cette pression sociale prend la forme d'une condamnation plus ou moins silencieuse des correcteurs dont les moyennes des notes sont parmi les plus basses. Il n'est pas rare que ces professeurs soient considérés comme des « peaux de vaches », comme des correcteurs qui ne respectent pas la norme majoritaire de notation.

> « Actuellement, on tend à..., on sait que la moyenne académique tourne autour de 8, et quel que soit le niveau des copies, secrètement, on se dit attention ! (...) C'est dans l'air du temps. On finit par se sentir un peu coupable de ne pas avoir une moyenne... presque coupable d'avoir la plus faible moyenne : non, c'est pas possible, c'est pas normal, non, je suis trop vache. Et en revanche, ceux qui ont la moyenne, une bonne moyenne, eux, ont bonne conscience, ça me gêne. Il y a une pression » (professeur certifié de philosophie).

Certains professeurs indiquent qu'ils se sentent perçus comme des « emmerdeurs » et des empêcheurs de tourner en rond parce que leur moyenne est faible. Or ces enseignants indiquent ne guère rechercher cette position de professeurs stigmatisés comme particulièrement sévères, d'autant qu'ils ont le sentiment de naviguer entre Charybde et Scylla, refusant tout à la fois le « démago des textes », l'abandon d'une exigence minimum à l'égard des élèves et l'élitisme conservateur dont ils se défendent. Mais la pression sociale, la nécessité d'éviter l'exclusion partielle du groupe des pairs, d'être le professeur à qui l'on ne parle pas, les incitent à renoncer partiellement ou totalement à la défense de la notation à laquelle ils adhèrent. Pour éviter d'avoir « le sentiment d'être un vieux râleur », certains correcteurs déclarent préférer se taire et s'alignent en silence sur les positions de la majorité (« Maintenant, je ferme ma gueule »).

Cette pression sociale s'exerce éventuellement de façon implicite par l'évitement physique du professeur hors norme, mais aussi de façon tout à fait explicite :

> « On a eu un problème avec une collègue qui était plus bas [dont la moyenne des notes était plus basse]. Mais on lui a fait comprendre que nous aussi on avait des copies du même genre, on l'a obligée, enfin on ne l'a pas obligée, mais on lui a fait vraiment fait sentir qu'il fallait qu'elle remonte [ses notes] » (professeur agrégé de philosophie). L'ordre de l'interaction (« on lui a fait vraiment fait sentir ») qui encadre l'activité d'examination des candidats est particulièrement saisi par ces sanctions diffuses (Ogien, 1990) auxquelles s'expose le correcteur qui ne respecterait pas approximativement les normes de correction et les règles de justice scolaire les plus communément admises.

Pour comprendre les modalités effectives de correction des copies, il faut donc impérativement rompre avec une perception commune du correcteur solitaire et mettre en évidence le processus de fabrication qui préside à la notation des épreuves écrites du baccalauréat. Cette rupture nécessite l'analyse des communications qui s'établissent entre les examinateurs pour montrer que ceux-ci intègrent dans leur notation les attentes explicites et implicites de leur administration de tutelle et celles du groupe des pairs telles qu'elles se manifestent au cours des commissions d'harmonisation et d'entente. L'ensemble de ces communications participe tout à la fois à la construction de normes de compétences et manifeste l'adhésion professorale à celles-ci. Cette adhésion est particulièrement présente dans le sérieux que manifestent très largement les professeurs dans leur travail de correction.

> « J'ai corrigé les dernières (copies) hier, et je ne savais plus du tout comment noter, des copies tellement médiocres... Mais je note avec attention quand même, je les lis toutes deux fois, deux fois à suivre, je passe beaucoup de temps » (professeur certifié de philosophie).

« Quelquefois j'ai des remords, j'ai le souvenir de... si j'ai un doute (...) je mets la copie de côté et puis une fois que j'ai trouvé une copie étalon, je la reprends [celle mise de côté] » (professeur contractuel de lettres).

Même lorsque l'exercice de correction semble perdre une grande partie de son sens en raison de l'inadéquation entre le contenu des copies et les exigences professorales minimum attendues d'une copie de bac, l'adhésion professorale à des normes d'évaluation légitimées par les commissions permet de poursuivre consciencieusement un travail de notation alors même que les critères d'évaluation dont dispose le professeur sont devenus peu opérants.

Le sérieux de la correction, tel qu'il se manifeste par des relectures de copies et par les comparaisons systématiques de copies notées de façon égale, indique le souci de cohérence personnelle des correcteurs et leur attachement à une égalité de traitement des candidats. Cet attachement peut être total, dans la mesure où le correcteur peut penser que le sérieux de sa correction permet d'aboutir à une notation des copies identique à celle d'un correcteur tout aussi sérieux.

Cet attachement est parfois plus limité. Il renvoie alors à une nécessité personnelle de justice à l'égard de son propre classement des copies, à l'idée que les notes attribuées sont le produit d'une application consciencieuse des consignes de correction telles qu'elles ont été perçues par soi-même. Le professeur cherche, au minimum, à être cohérent avec ses propres critères de correction. Cet objectif est déjà difficile à atteindre. De nombreuses expériences indiquent en effet que le correcteur n'est pas fidèle à lui-même quelle que soit la discipline. En mathématiques, par exemple, deux copies identiques placées dans un paquet important fond l'objet d'une notation différente (Piéron, 1963). La double lecture professorale, le doute, le remords, indiquent que les professeurs « consciencieux » partagent intuitivement ce résultat de recherche.

Les oraux du baccalauréat

L'organisation des oraux du baccalauréat pose des problèmes similaires aux écrits. De nombreuses recherches ont montré l'aléa de la notation d'une prestation orale (Merle, 1998). Afin de réduire ces aléas de notation, la réglementation a encadré, de façon plus ou moins stricte selon les disciplines, les sujets présentés à l'oral et le déroulement de celui-ci.

La question de la conformité des sujets d'oraux

La question de la conformité des sujets d'oraux se pose pour toutes les disciplines. Comme pour les écrits, la réglementation poursuit un objectif central : le respect du principe d'égalité de traitement des candidats. À cette fin, les sujets proposés doivent être de difficultés équivalentes et les modalités d'interrogations voisines. Les entretiens menés auprès des professeurs enquêtés montrent que cet objectif d'homogénéisation des conditions de passation de l'oral est loin d'être atteint.

> « Il y a des correcteurs qui sont plus peaux de vache que d'autres à l'oral. Il y a des sujets qui sont plus durs que d'autres. C'est vraiment beaucoup plus hétérogène (qu'à l'écrit). Moi, j'ai la chance d'aller à X [comme examinateur]... donc je suis mes élèves qui passent l'oral dans le même lycée. Je connais les profs qui sont dans chacun des jurys. Très vite on voit que tel jury saque beaucoup plus que tel autre jury » (président-adjoint de jury).

> « Chaque examinateur fait son petit oral à sa façon. Là, il n'y pas de concertation, pas du tout. Il y a certains oraux qui se déroulent très gentiment, avec des sujets classiques, et d'autres dans le style des colles qu'on peut donner en classes préparatoires. C'est un petit peu le hasard. Le candidat peut tirer le bon sujet, le bon examinateur » (professeur certifié de mathématiques).

> « Je connais des lycéens à qui des examinateurs ont posé des questions qui auraient été à peu près la norme il y a quinze ans. Le correcteur est totalement maître des questions qu'il pose. Je suis formel là-dessus, c'est en terminale scientifique qu'il y a des problèmes sérieux au niveau du bac. Pour moi, ça m'a frappé. J'ai été scandalisé, j'ai passé un mois de juillet épouvantable *(rire)*. J'étais vraiment dégoûté... Je peux te citer l'exemple d'un élève qui est allé passer l'oral, ils lui ont posé des questions inadmissibles. L'élève n'a rien fait à l'oral, et il ne pouvait rien faire car il n'avait aucune raison de savoir faire ce qu'on lui demandait de faire. À l'oral, on est totalement souverain, on est maître du jeu, on fait ce qu'on veut » (professeur agrégé de mathématiques, correcteur en terminale S).

La passation de l'oral qui concerne plusieurs dizaines de milliers de candidats est définie explicitement par plusieurs des professeurs interrogés comme relevant de « l'affaire de chacun », alors même qu'il s'agit d'un examen national, régi par des règles identiques pour tous les candidats. Ce sentiment d'iniquité évaluative qui scandalise une partie des examinateurs confirme l'efficacité médiocre des textes réglementaires visant à homogénéiser les conditions de déroulement de l'oral. En mathématiques, les Instructions officielles, comme dans les autres disciplines, se donnent pour objet principal d'apprécier la maîtrise par le candidat des « connaissances de base ». Cette proposition n'a pas, dans la pratique de l'oral, cette clarté toute administrative qui suppose que la définition des connaissances de base va de soi pour les professeurs qui enseignent tel ou tel programme en classe terminale.

Le sentiment d'iniquité propre au déroulement des oraux tient aussi au fait que, sur des sujets d'oraux de difficultés disparates, s'ajoutent des évaluations plus ou moins sévères des correcteurs. De surcroît, les risques sont élevés que les inégalités de notation se cumulent : les correcteurs plus sévères lors de la correction des écrits ont une probabilité élevée d'être également plus exigeants dans le choix de leurs sujets d'oraux et dans l'évaluation de la prestation des candidats. Les copies des élèves d'un jury donné étant corrigées par deux correcteurs (sauf en philosophie), le candidat a en effet une chance sur deux d'être confronté à l'oral au correcteur de sa copie.

Dans l'organisation actuelle des oraux, l'élaboration des questions d'oral est marquée par la diversité des situations. Traditionnellement, les professeurs élaborent de façon individuelle les questions posées aux candidats. Une telle organisation s'explique par l'habitude et l'individualisme dominant. Cependant, dans certaines disciplines, il existe une mise en commun des questions d'oral qui aboutit à l'élaboration d'une banque de données communes. Il en est ainsi, par exemple, en Sciences économiques et sociales, dans certaines Académies. Des réunions de mise au point des sujets d'oraux ont lieu chaque année. Chaque examinateur est amené à rédiger deux sujets d'oraux conformes à la réglementation, et tous les sujets d'oraux ainsi rédigés font l'objet d'un examen collectif de conformité. L'intérêt pédagogique et pratique d'une telle démarche est que chaque examinateur ne rédige que deux sujets et récupère l'ensemble des sujets rédigés par ses collègues. Les candidats, par ailleurs, sont interrogés, quel que soit leur jury, sur les mêmes sujets.

Une telle démarche n'est pas sans rencontrer des difficultés : les discussions sur la conformité de chaque sujet sont longues en raison de l'absence de consensus initial sur les « notions de base » que les élèves devraient maîtriser. Peu nombreux sont les sujets d'oraux qui ne font pas l'objet de remaniements : simplification des questions, raccourcissement des textes, ajouts de questions préalables qui guident le candidat dans l'analyse des documents. Cette similitude des sujets ne permet pas automatiquement une notation plus équitable. Du moins, les conditions d'une plus grande justice de l'oral se trouvent réunies. Cette élaboration commune des sujets d'oraux devrait être la règle.

Le déroulement de l'oral

Le déroulement de l'oral est caractérisé par une forte identification scolaire et sociale du candidat. Autant à l'écrit, le professeur ne dispose sur l'élève d'aucune information susceptible d'influencer sa note à l'exception de sa calligraphie (Merllié, 1990) ; autant, à l'oral, le correcteur dispose, grâce au livret scolaire, de multiples informations dont il faut tenter de saisir l'influence : notes par matières, notes à l'écrit du baccalauréat, établissement d'origine du candidat, âge et sexe, redoublement ou non, professeur de l'élève pendant l'année, avis du conseil de classe du troisième trimestre. Les entretiens menés auprès des professeurs dévoilent des modalités d'usage du livret scolaire permettant de définir des profils différenciés d'examinateurs.

Professeurs intégristes et dubitatifs

Une partie des professeurs manifeste une grande confiance quant à leur capacité à évaluer précisément la prestation de l'élève. L'absence de doutes qui caractérise leurs propos évoque la certitude propre à un phénomène de croyance. Pour cette raison, on désignera ces enseignants par l'expression « professeurs intégristes ».

> « On les laisse parler pendant 10 minutes s'ils ont quelque chose à dire. On voit assez vite les limites » (professeur agrégé de SVT).

> « Je trouve que l'oral est trop long. Je pense qu'en 5 minutes, tout est joué, tout est dit. On voit tout de suite finalement à quel genre de candidat on a affaire. Il est rare que l'impression de départ soit infirmée » (professeur agrégé de lettres classiques).

Pour le professeur de lettres précité, la certitude du jugement évaluatif construit l'oral comme une présentation théâtrale : quelques tirades du candidat permettent de juger de ses capacités de mise en scène. Le « genre » du candidat apparaît immédiatement : premier ou second rôle, élève brillant, moyen ou médiocre. L'échange prévu par la réglementation est une scène sans importance qui ne fait que répéter la scène initiale de présentation de soi de l'élève. En fait, ce sentiment de certitude évaluative n'exclut pas éventuellement des situations d'incertitude pour noter l'oral des élèves jugés « moyens ». Dans ce type de situation, l'hésitation relative à l'évaluation de la prestation du candidat est levée par la consultation du livret scolaire.

Autant la certitude de noter avec équité est forte chez certains examinateurs, autant le doute est omniprésent chez d'autres. Par opposition à la première catégorie de professeurs, on désignera ces enseignants par l'expression « professeurs dubitatifs. »

> « L'oral, ce sont des exercices. Ça veut dire quoi ? On donne un petit coup de pouce à l'élève de temps en temps quand il cale. Et comment apprécier ça ? Il faut bien comprendre que l'épreuve orale, c'est forcément, par définition, des gens qui

sont vraiment moyens. Alors c'est : oui, c'est pas mal, mais enfin, il a fallu que je l'aide, etc. Alors, comment apprécier ça ? Quelle est la différence entre un 16, un 7, un 11 ? Moi, je sais pas du tout » (professeur de mathématiques).

« En fonction de quoi je note (l'oral), je suis incapable de le dire (...). Une note d'oral, c'est n'importe quoi ! » (professeur agrégé de mathématiques, examinateur en terminale scientifique).

Le dialogue entre l'examinateur et le candidat, qu'il soit ou non prévu par la réglementation, est souvent une nécessité pratique du déroulement de l'oral : le silence de l'élève implique une re-formulation de la question posée, nécessite des indications diverses pour orienter le candidat vers la solution, voire des encouragements pour empêcher la crispation ou les larmes ! À la fin de l'oral, les participations conjointes du candidat et de l'examinateur à la résolution du problème sont inextricables. Le constat vaut pour toutes les disciplines, y compris pour l'oral anticipé de français.

La notation de l'oral relève d'une appréciation imprécise sur ce que le candidat a effectivement dit de lui-même, ce qu'il a dit grâce à des sollicitations précises, ou ce qu'il n'a pas dit mais que l'examinateur a dit pour indiquer au lycéen quel était finalement le sens de la question posée... Cette incertitude des contributions du candidat et de l'examinateur pose la question des compétences évaluées. S'agit-il de la capacité du candidat à reprendre le propos de l'examinateur pour l'ajuster aux demandes plus ou moins implicites qui s'adressent à lui, de son habileté à enchaîner sur les suggestions et débuts de réponse du professeur ? Dans cette situation, l'évaluation de la prestation de l'élève est souvent ressentie comme difficile en dehors de toute information sur celui-ci. Autrement dit, le déroulement ordinaire de l'oral favorise la prise en compte d'éléments d'appréciation qui ne ressortent pas uniquement de la prestation que le correcteur doit évaluer.

Le recours au livret scolaire

Les épreuves orales se distinguent clairement des épreuves écrites. Dans celles-ci, l'anonymat est la règle. Même le lycée d'origine du candidat n'est pas connu du correcteur. Une telle organisation admet clairement les « effets d'attentes » provoqués par la connaissance de l'origine des copies : les copies issues de lycées prestigieux pourraient bénéficier d'une lecture favorable conformément aux recherches relatives aux modalités de fabrication de la note (voir les développements antérieurs).

L'organisation des épreuves orales est toute différente puisque le correcteur dispose du livret scolaire de l'élève et la réglementation prévoit explicitement sa consultation. Une telle recommandation signifie clairement que la notation de l'oral du candidat doit prendre en compte le cursus scolaire du lycéen et ses résultats pendant l'année. En définitive, un principe d'action – l'anonymat du candidat – hautement revendiqué et mis en œuvre lors des épreuves écrites est ultérieurement totalement écarté pour les élèves qui ont réalisé des performances moyennes aux écrits du baccalauréat (c'est-à-dire dont la moyenne des écrits est comprise entre 8 et 10/20).

Un tel revirement *a priori* paradoxal de la réglementation est en fait une nécessité. Les candidats qui passent les épreuves orales ont une valeur scolaire si indéterminée que le respect du principe d'anonymat ne s'avère plus souhaitable : son application pourrait provoquer des résultats inattendus. Or, le baccalauréat est un examen national dont la légitimité ne doit pas être contesté. Il doit donc donner lieu à des résultats prévisibles à la fois à un niveau général et individuel. Le sérieux de l'examen se manifeste tout particulièrement par la cohérence attendue et souhaitée entre les jugements des professeurs pendant l'année scolaire et les résultats finaux de chaque élève au baccalauréat. Si des candidats étiquetés scolairement inaptes pendant l'année étaient reçus inconsidérément, et si des candidats « sérieux » étaient trop souvent collés, les valeurs scolaires (travail, pertinence de l'évaluation pendant l'année, attention en cours...) seraient discréditées, la motivation professorale menacée et les protestations des élèves et de leurs parents amplifiées.

Toutefois, la suppression de l'anonymat, nécessaire au maintien d'une certaine équité scolaire, nuit aussi à celle-ci dans la mesure où l'examinateur est suspecté, éventuellement, d'être influencé par les données contenues par le livret scolaire et, finalement, de ne pas évaluer de façon indépendante et impartiale l'oral du candidat. Cette influence, produite par la consultation du livret scolaire du candidat sur la notation de l'oral, est implicitement reconnue par la réglementation : le livret scolaire doit être consulté seulement après l'oral du candidat. Les professeurs ont alors à arbitrer entre un principe d'équité – noter seulement la prestation orale – et un principe de cohérence évaluative : la logique scolaire impose que la note d'oral du candidat ne soit pas trop éloignée de sa moyenne annuelle.

> « Pour l'interrogation de l'élève, je regarde la convocation, la pièce d'identité et les notes obtenûes à l'écrit. C'est tout. Le livret scolaire, je ne le regarde pas. C'est pour rester vierge entre guillemets. J'ai déjà la note du bac, reste à savoir s'il n'a

pas fourni un travail suffisant au bac ou s'il a eu un accident. Mais le livret scolaire, je le regarde après avoir mis ma note jamais avant » (professeur d'histoire-géographie).

« Avant je voyais le livret scolaire avant que le candidat ne se présente. J'ai fini par me dire que ce n'était pas très moral, au sens où c'est un examen, et le risque est trop grand, en prenant connaissance du livret scolaire avant, de s'en tenir qu'à ça. Donc, je me suis imposé de ne le regarder qu'après » (professeur de mathématiques).

Après l'oral, après avoir fixé approximativement la note du candidat sur sa seule prestation orale, la consultation du livret permet à l'examinateur de prendre en compte le profil scolaire de l'élève afin de parfaire son évaluation. Si l'évaluation de l'oral est proche de l'évaluation annuelle, la consultation du livret scolaire n'exerce pas d'effet sur l'examinateur. Par contre, si le livret est « mauvais » mais que l'examinateur considère que le candidat mérite toutefois d'être bachelier, le professeur peut alors relever sa note d'oral sachant qu'au cours des délibérations finales aucun point supplémentaire ne sera accordé à ce candidat en raison de la médiocrité de son livret scolaire. Lorsque l'examinateur est incertain sur la valeur du candidat, il peut *a contrario* baisser légèrement sa note considérant que le candidat, en raison de son mauvais livret scolaire, ne mérite aucune indulgence. À la lecture du livret scolaire, le professeur peut donc modifier sa première évaluation de l'oral du candidat autant à la hausse qu'à la baisse.

« Je regarde ce qu'il y a sur le livret scolaire et j'ajuste à peu près. Pas la même note, ça dépend comment ça s'est passé, mais en gros oui » (professeur de mathématiques précité, examinateur en terminale scientifique).

« Quand je me demande si je dois mettre la moyenne ou non, je regarde le livret à la fin de l'interrogation. Ça peut modifier en bien ou en mal d'un ou deux points, dans les cas où on hésite, où on ne sait pas si on doit mettre 9 ou 10.
Si l'oral est mauvais et le livret scolaire est bon ?
Je peux remonter jusqu'à deux, trois points.
Si l'oral est bon et le livret mauvais ?
Je baisse un peu : si ça mérite 15, je mets 13. Je regarde bien sûr les notes de français, mais ça m'arrive de regarder l'ensemble. Ça m'influence certainement » (professeur de lettres classiques) (étant donné le coefficient de l'épreuve orale anticipée de français, l'influence du livret peut modifier sensiblement le total des points et la possibilité ou non d'être admis).

Cette pratique des examinateurs n'est pas conforme à la réglementation. Sur ce sujet, celle-ci est pourtant relativement explicite compte tenu de la recherche habituelle, de la part des correcteurs, d'une convergence des notations à l'oral du baccalauréat et pendant l'année : « Les examinateurs des épreuves orales du second groupe doivent consulter attentivement le livret scolaire de chaque candidat en fin d'épreuve afin de tenir compte du travail fourni par le candidat au cours de l'année pour éventuellement relever la note qu'ils comptaient donner à la prestation de ce dernier » (*BO* n° 15 du 9 avril 1998). Certains examinateurs, considérant que la réglementation n'interdit pas de baisser la note et qu'il s'agit « de tenir compte du travail fourni par le candidat au cours de l'année », ont donc un usage du livret scolaire contraire à l'esprit de la réglementation. Encore que l'opération mentale qui procède à la notation de l'oral est plus complexe. Un certain nombre d'examinateurs ne fixe pas réellement une note provisoire mais, dans le cadre d'une première estimation, dispose d'une sorte de fourchette de notes (par exemple entre 8 et 10). Un mauvais livret aboutit, en toute logique, à choisir la note minimum.

Contrairement aux prescriptions administratives, certains professeurs ne consultent pas le livret scolaire après l'oral mais avant celui-ci. Cette consultation du livret scolaire, avant l'oral, est une pratique minoritaire. Elle influence la façon d'aborder le candidat, le déroulement de l'oral lui-même et, au final, l'évaluation de la compétence du candidat. Pour ces examinateurs, il s'agit plus ou moins directement, de confirmer, au moins partiellement, le jugement porté sur le livret scolaire. Certes, un des discours professoraux entendus est celui consistant à « donner une chance au candidat » et cette chance peut prendre notamment la forme d'un sujet de questions plus faciles (« Je ne vais pas m'offrir 20 minutes de supplice et à lui non plus »). Mais plus souvent, semble-t-il, le mauvais livret construit les conditions d'un mauvais oral du candidat tout comme le bon livret suscite la bonne volonté du correcteur et crée les conditions d'un oral satisfaisant.

> « À l'oral, j'agis quand même pas mal en fonction du livret. Si je vois écrit "travail sérieux mais résultats faibles", "n'arrive pas malgré ses efforts", je vais prendre beaucoup de gants pour l'interroger, essayer de lui faire dire des choses un maximum, en essayant de valoriser ses connaissances avec une relation personnelle plus amicale. Si par contre je vois qu'il n'a rien fichu, fumiste... je ne mettrai pas forcément une mauvaise note, mais je n'irai pas non plus le rechercher très très loin. Le livret, c'est plus pour me rendre compte de la façon dont je dois aborder l'élève » (professeur agrégé d'histoire).

> « D'une façon générale, je tiens compte du comportement scolaire de l'élève, si j'ai affaire à un fumiste, je ne suis pas tendre, il faut vraiment qu'il fasse ses preuves » (professeur certifié de philosophie).

Lorsque le livret scolaire est consulté avant l'entretien oral, son influence sur l'évaluation du candidat devient potentiellement déterminante. L'élève indiscipliné, aux performances scolaires mauvaises, ayant un avis « doit faire ses preuves », est considéré comme un rescapé des épreuves écrites. Sa présence à l'oral est plus ou moins perçue comme une sorte d'accident, un résultat déjà heureux (« Si tu as un candidat qui a avis "preuves", bon à la limite, il n'est pas mal placé en étant à l'oral », professeur d'histoire-géographie). L'échec de ce candidat après les épreuves orales est finalement perçu comme normal.

À l'inverse, les candidats qui ont manifesté au cours de l'année de terminale une bonne volonté scolaire peuvent bénéficier de conditions d'oral plus favorables. L'échec, scolairement possible, est en quelque sorte moralement regrettable : suivre assidûment les conseils du maître, apprendre ses leçons, être attentif, doit permettre d'obtenir le baccalauréat. Ce que l'examinateur tente de rattraper et de sauver à l'oral du baccalauréat ne se réduit pas au cas particulier de l'élève jugé « sérieux », mais « aux résultats faibles », mais tient, de façon plus essentielle, à la nécessité de sauver le sens de l'action scolaire : la rencontre harmonieuse du maître et du lycéen, chacun acquis à la nécessité du savoir et de l'école, ne doit pas se conclure sur l'échec pédagogique du maître et celui de l'élève.

> « Si tu as à l'oral un élève qui a un avis favorable voire très favorable, bon et bien, c'est vraiment qu'il a eu un accident. C'est quelqu'un qui a le trac, il faut le sécuriser » (professeur certifié d'histoire).

> « Si l'oral est mauvais et que le livret est bon, je fais plutôt un entretien avec le candidat. Je lui pose des questions très simples pour savoir s'il a réellement des connaissances ou non. Ça ne me plaît pas beaucoup de mettre une mauvaise note à l'oral à quelqu'un qui a un bon livret. Parce que le livret, c'est quand même une part de contrôle continu » (professeur certifié de mathématiques).

Ces extraits d'entretien aident à comprendre le déroulement de l'oral. Il est toujours possible de trouver peu de compétences scolaires au candidat qui n'en a guère fait preuve antérieurement. Après les écrits, souvent sources d'incertitudes, l'oral, bien que parfois vécu également de façon pénible pour les examinateurs, permet finalement une sorte de retour à une orthodoxie scolaire, à une évaluation autorisant la récompense ou la sanction normale.

Quelle que soit la façon dont le livret scolaire est utilisé, il influence la notation finale du professeur. Cette influence est non réglementaire lorsqu'elle pénalise le candidat, elle est dans la logique du fonctionnement de l'institution lorsqu'elle permet à un candidat d'être racheté à l'oral grâce à la qualité de son travail annuel.

La question du pouvoir et les arrangements particuliers

Cette possibilité de l'examinateur d'être bienveillant à l'égard de l'élève méritant, et de ne rien attendre et/ou entendre de l'élève délictueux, tient à sa situation de juge souverain. L'oral est un huis clos, lieu fermé où se réalise une justice quasi régalienne : récompenser ou sanctionner une année de scolarisation au cours d'un oral d'une vingtaine de minutes. Certains correcteurs vivent mal cette situation de pleins pouvoirs professoraux.

> « L'oral, c'est complètement individuel, c'est complètement affectif, complètement subjectif, complètement affreux parce qu'on pourrait mettre 18 à n'importe qui, n'importe comment. C'est affreux cette notation de l'oral. Il faudrait absolument s'entendre, et même à la limite arriver à une double correction, ou même à l'oral, être plusieurs, ce serait peut-être intimidant, mais enfin... parce que autrement être tout seul avec l'élève comme ça » (professeur de sciences naturelles).

> « Chacun fait un petit peu ce qu'il veut. Ça me gêne beaucoup. On n'apprécie pas de la même façon, et donc on ne note pas de la même façon. Dès lors qu'il n'y aura pas d'indications sur la façon de concevoir l'épreuve de rattrapage, on observera des injustices vraiment criantes, sur la façon de noter. Ma façon de noter n'est pas celle de mon collègue ! Qui a raison, le problème n'est pas là ! Je veux bien me soumettre à tout ce que l'on voudra. Je me demande si on ne satisfait pas dans une certaine mesure, tous, un certain goût du pouvoir. J'ai là le sort de ce candidat, il dépend de moi : je me permets d'être généreux ou sévère peu importe » (professeur certifié de philosophie).

Au nom de quoi décider de l'attribution du grade de bachelier ? Quel critère d'évaluation n'est pas finalement suspect d'être l'application d'une toise arbitraire propre à l'examinateur ? Comment assumer cette toute puissance du juge qui a le droit et l'obligation de dire la vérité scolaire sur le candidat ? Comment éviter la question dérangeante du pouvoir professoral ? « Être seul avec l'élève » est le moment d'une intimité forcée au cours de laquelle la question de chaque interactant – est-ce que je lui donne son bac ? me donnera-t-il mon bac ? – est abordée indirectement par des manœuvres de compréhension, de séduction et d'influence.

Certains professeurs cherchent à appréhender globalement la personne de l'élève en considérant tout à la fois sa prestation orale, son comportement « positif » au cours de l'oral et des éléments de sa situation personnelle (projets d'étude, particularité du cursus scolaire...). La prise en compte de ces éléments d'appréciation amène à considérer la notation de l'oral comme un arrangement identique à ceux analysés dans le quotidien de la classe. Si le candidat a le profil d'un bachelier acceptable, que son succès n'apparaît pas choquant par rapport à ce que l'examinateur sait de l'élève, la note d'oral aura pour finalité, soit de permettre l'admission, soit d'accorder un nombre de points suffisant pour que les chances du candidat d'obtenir le baccalauréat restent entières si l'autre examinateur de l'oral (les candidats passent deux matières à l'oral), adopte la même attitude. L'examinateur peut, s'il manque vingt points à un candidat, décider de faire en quelque sorte la moitié du chemin qui sépare celui-ci de l'admission en lui attribuant une note qui lui fait gagner 10 points. Beaucoup d'enseignants indiquent d'ailleurs que le nombre de points qui séparent le candidat de l'admission est une information centrale pour fixer la note de l'oral.

L'oral peut être un moment qui échappe partiellement à l'épreuve de connaissances. Le professeur peut juger que si l'élève est « capable » de mener à bien son projet post-baccalauréat, il est possible de relever substantiellement sa note d'écrit. Si le 12/20 est insuffisant pour permettre à l'élève l'obtention certaine de l'examen, mieux vaut lui mettre 15. Une telle notation signifie, pour le professeur, que même si l'élève n'a pas réalisé une prestation excellente, il a toutefois manifesté pour l'examinateur des « qualités personnelles » qui autorisent la poursuite avec succès d'une scolarisation dans l'enseignement supérieur.

C'est au nom d'une compétence évaluative qui s'érige en capacité d'un jugement global de l'élève que l'examinateur accorde par sa note l'obtention du baccalauréat au candidat. Une telle notation est typique d'un professeur dubitatif. Cette position peut être fondée par le fait que le candidat désirant par exemple suivre un enseignement supérieur de lettres ne doit pas être ajourné au baccalauréat en raison d'une note insuffisante en mathématiques. La prise en compte du contexte, par exemple le projet d'étude ultérieur du candidat, ou bien la possibilité d'un échec jugé humainement absurde, à quelques points de l'admission, tout particulièrement pour les redoublants, peut justifier pour le professeur une notation *a priori* non conforme à la logique scolaire. L'explication de ce type de notation particulière est apportée également par les propos des candidats. « Il a hésité longtemps avant de me mettre une note et m'a posé des questions sur mes projets, pour voir si j'étais motivée » (fille, père ouvrier, mère au foyer, deux ans de retard ; enquête lycéen).

Ces arrangements particuliers sont sous l'influence éventuelle de la dramatisation de l'oral. Parfois, l'élève est parvenu à connaître la note qu'il a obtenue à son premier oral de rattrapage, par indiscrétion, ou parce que le premier examinateur n'a pas caché la note qu'il mettait de façon – la note étant bonne – à encourager l'élève. Ainsi, lors du second oral, l'élève peut faire connaître au deuxième examinateur le nombre de points « qui manque ». Il peut y avoir de la part de l'élève une stratégie de la tension, une tentative de sortir de l'anonymat du candidat qui passe son oral comme tant d'autres. Cette stratégie prend la forme d'une pression plus ou moins discrète lors de l'oral, par l'utilisation de larmes (attitudes plus souvent féminines), ou de l'exposé immédiat de la centralité de l'enjeu pendant que le professeur consulte le livret scolaire : « Je suis redoublant, j'ai deux ans de retard, c'est ma dernière chance » (garçon, série économique et sociale, 30 points de retard). Pour ce candidat, le moment de la prise de parole est particulièrement bien choisi recentrant l'intérêt du professeur sur sa présence physique alors même que l'examinateur commençait l'élaboration de son jugement évaluatif à partir de la consultation de son livret.

La dramatisation de l'oral par le candidat consiste en une tentative de retournement ou d'infléchissement du pouvoir de décision du professeur. L'élève peut indiquer que la question d'oral qu'il a tirée n'a pas été traitée en cours pendant l'année, faire valoir un certificat médical indiquant une absence prolongée, ou préciser que son professeur a été absent une partie du trimestre, etc. Il s'agit de particulariser l'épreuve, de montrer ou de faire croire, que les circonstances sont particulières et imposent une évaluation spécifique. Cette mise sous tension, inscrite dans l'épreuve même, est attisée par le poids des attentes familiales – la reconnaissance ou le rejet éventuel qui accompagne la réussite ou l'échec – et la pression sociale produite par le taux de chômage et le rôle essentiel de la qualification comme moyen d'insertion professionnelle.

De nombreuses variables concourent à ces arrangements particuliers recherchés non seulement par le candidat, mais aussi éventuellement par le correcteur (« On se demande ce qu'ils vont faire s'ils n'ont même pas le bac »). Bien que l'organisation réglementaire de l'oral de rattrapage autorise, voire favorise, l'arrangement sur les notes, il est très difficile de savoir si ces arrangements sont fréquents ou relativement limités. Les professeurs ne livrent pas si facilement leurs cas de conscience où se confrontent des injonctions paradoxales : appliquer la même règle à tous conformément à la réglementation ou bien prendre en compte de façon éminemment subjective les situations individuelles.

L'établissement d'origine et le nom du professeur du candidat

L'établissement d'origine et le nom du professeur du candidat sont des informations relevées généralement par l'examinateur lorsqu'il consulte son livret. Ces informations permettent, pour reprendre l'expression d'un professeur, « d'interpréter la note » et la moyenne annuelle du candidat. L'influence de ces informations lors de l'élaboration de la note du candidat est toutefois variable car ces informations ont plus ou moins de signification pour l'examinateur.

À l'égard de l'établissement d'origine du candidat, il est possible, schématiquement, de distinguer des comportements professoraux allant de la déclaration d'indépendance à l'égard de cette information à la reconnaissance explicite de sa prise en compte. La déclaration d'indépendance totale, considérant notamment que les établissements privés sous contrat sont des établissements « comme les autres », a été minoritaire et formulée le plus souvent par des professeurs ayant suivi leurs études dans ce type d'établissement. De façon nette, les établissements totalement privés, hors contrat, font l'objet d'un préjugé négatif.

> « L'histoire de la querelle public-privé, ça a à peu près disparu. Certaines boîtes privées sur-notent, mais elles sont connues. Certains élèves sont à peine à l'oral qu'ils ont déjà des avis "favorables". Ce ne sont pas les boîtes sous contrat généralement, mais des boites totalement privées. À l'écrit, c'est anonyme, on ne sait pas, on découvre ça le jour de la délibération du jury : on a souvent une charretée de gens collés qui viennent tous du même établissement, de ces boîtes à fric, où, en fait, il suffit de payer pour aller en terminale, elles sont connues » (vice-président de jury).

Une distinction est souvent établie entre les établissements qui appliquent les règles de la compétence scolaire pour régir leurs flux d'élèves et ceux qui relèvent d'une logique a-scolaire : « les boîtes à fric ». Le préjugé négatif à l'égard du candidat interrogé est alors net dans la mesure où la présence du candidat à l'oral est jugée contraire au bon fonctionnement de l'institution scolaire. L'élève aux compétences « normales » devrait avoir recours à des établissements régis uniquement par le principe de la compétence scolaire. Plus fréquemment, une distinction est faite entre les établissements publics et privés, tous statuts confondus.

> « Ce que j'ai remarqué chez les collègues, je ne dis pas qu'ils notent en fonction de l'établissement d'origine, je ne pense pas, mais on sent parfois, quand même, des remarques pas toujours très obligeantes vis-à-vis de tel ou tel candidat, ah oui, il vient de... Bon, ce n'est pas la peine de se le cacher, la plupart du temps,

ça vise les établissements d'enseignement privé » (professeur certifié d'histoire-géographie).

« Je regarde l'établissement d'origine du candidat, ça m'influence un petit peu, si je vois par exemple lycée privé, parce que je sais qu'ils ont tendance des fois à gonfler le livret scolaire, donc j'essaie de faire la part des choses. Ca m'influence un petit peu, mais il ne faut pas exagérer non plus. L'année dernière j'avais des candidats qui venaient de lycées privés, j'ai pas baissé les notes, c'étaient des candidats solides » (professeur de SVT).

La question est évidemment de savoir si la connaissance de l'établissement d'origine du candidat modifie la notation du candidat. Dans le propos précité, l'expression « j'ai pas baissé les notes, c'étaient des candidats solides » a une signification ambiguë : si la prestation des candidats avait été moyenne, une baisse de la note était-elle envisageable ? La méfiance de l'examinateur serait finalement légitime puisque les établissements privés assureraient une sorte de dopage évaluatif de leurs candidats qui seraient sur-notés pendant l'année et bénéficieraient d'un avis du conseil de classe au troisième trimestre sans rapport certain avec leur « vraie valeur » scolaire (les avis « favorable » ou « très favorable » seraient accordés trop généreusement). L'examinateur, averti de cette sur-notation, serait donc dans la nécessité, à des fins d'égalité de traitement des candidats, d'être soupçonneux sur les appréciations portées sur le livret de ces candidats spécifiques.

Finalement, les lycéens scolarisés dans les établissements privés font couramment l'objet d'un double discours d'une partie des examinateurs : il s'agit bien de candidats spécifiques, mais leur oral est toutefois apprécié comme celui des autres candidats ! Or ces deux propositions ne sont pas compatibles : la reconnaissance d'une spécificité du candidat limite concrètement la possibilité d'une évaluation non spécifique. L'existence d'un stéréotype négatif produit généralement des effets sur l'évaluation d'une prestation écrite ou orale.

La connaissance du nom du professeur du candidat peut également contribuer à l'appréciation de la prestation orale de l'élève par l'examinateur. S'il s'agit d'un collègue estimé, son appréciation littérale du candidat influencera l'examinateur. « J'essaie de faire abstraction (du nom du professeur du candidat), mais je suis pas sûr de faire abstraction. Ça me permet d'interpréter la note » (professeur de mathématiques). Les professeurs peuvent bénéficier de réputation de sévérité, d'indulgence, de compétence ou d'incompétence. Le candidat, qui a eu pendant l'année un professeur considéré comme sévère par l'examinateur, aura une moyenne annuelle qui sera *a priori* appréciée en fonction de l'image de ce professeur. Pour cette raison, l'examinateur peut être amené à procéder à une péréquation, chercher à savoir ce que serait cette moyenne si cet élève avait été noté par un autre professeur. Comme l'indiquent certains enseignants, si l'élève a eu tel ou tel professeur pendant l'année, ils savent que le programme a effectivement été traité. Si le candidat ne peut pas répondre aux attentes de l'examinateur, il sera éventuellement pénalisé par l'image de compétence de son professeur.

La connaissance nominale du professeur de l'élève n'est pas forcément nécessaire pour que les appréciations et les notes du candidat fassent l'objet d'une lecture particulière par l'examinateur. L'appréciation dithyrambique et une moyenne annuelle très élevée constituent des anachronismes pour des élèves se présentant à l'oral de rattrapage. La suspicion de dopage évaluatif par l'examinateur est alors forte et le livret scolaire au lieu d'apporter un préjugé favorable au candidat dessert finalement celui-ci.

> « Ca m'est arrivé de ne pas tenir compte de l'appréciation de certains collègues et des notes dans la mesure où il y avait une moyenne en philosophie de 12,5, et les élèves les meilleurs passaient l'oral de rattrapage » (professeur de philosophie).

Le livret scolaire et l'appréciation du professeur du candidat assurent une influence sur la notation à la condition qu'ils demeurent crédibles, c'est-à-dire seulement si le professeur de terminale accepte, dans ses appréciations et ses notes, de désigner les élèves finalement peu dignes de l'obtention du baccalauréat. Le professeur qui attribue une bonne moyenne annuelle à tous ses élèves se déjuge aux yeux des examinateurs du baccalauréat, faute d'assurer sa fonction d'aide à la sélection des élèves méritants. Le dopage évaluatif de tous les élèves finit par produire un handicap à tous les candidats. Le livret scolaire qui influence l'examinateur de l'oral est également pris en compte lors des délibérations du jury.

8

Les délibérations

Préalablement aux délibérations, une réunion des présidents et vice-présidents des différents jurys est organisée dans chaque centre d'examen correspondant à une série de bac. Cette réunion, dépourvue de pouvoir décisionnel, reste peu connue des professeurs-examinateurs eux-mêmes. Elle a lieu juste avant les délibérations plénières des membres de chaque jury.

La réunion des présidents et vice-présidents de jury

La réunion des présidents et vice-présidents poursuit des objectifs informels. Elle est généralement animée par le proviseur de l'établissement devenu centre d'examen. Celui-ci informe les présidents et vice-présidents de jury des modalités d'organisation des délibérations et des oraux. Cette information est indispensable car les présidents des jurys sont des universitaires généralement peu au fait de l'organisation du bac.

Cette réunion des présidents et vice-présidents des jurys peut également avoir pour objet de prendre connaissance des résultats provisoires de chaque jury, c'est-à-dire la proportion, avant délibération, des admis, ajournés, ou candidats devant passer les oraux de rattrapage. Telle qu'elle a été exposée par des professeurs vice-présidents, cette réunion se déroule schématiquement de deux façons différentes.

La réunion peut se limiter à quelques informations générales apportées par le chef d'établissement. Éventuellement, les présidents de jury et les vice-présidents, généralement agrégés du secondaire, échangent quelques propos assez vagues sur la nécessité de « racheter » les candidats sans toutefois racheter de façon « excessive », de favoriser par exemple les admis avec mention (en ajoutant des points si nécessaire), et de traiter au mieux les cas particuliers... Les propos échangés se caractérisent par l'absence d'informations réelles concernant la sévérité ou l'indulgence de tel ou tel jury après les épreuves écrites. Ce type de réunion, sans véritable objet, tient souvent au fait que les présidents de jury ne disposent pas d'informations sur la proportion d'admis, d'ajournés ou de candidats susceptibles d'être rattrapés par leur jury. Aucune comparaison inter-jury n'est donc possible. Pour autant que ces informations sont disponibles, la concertation n'a pas forcément lieu faute de consignes réglementaires qui la favoriseraient, voire la rendraient obligatoire.

En l'absence d'informations ou de consignes émanant de cette réunion des présidents et vice-présidents, ceux-ci se considèrent alors comme relativement autonomes et indépendants des modes d'évaluation mis en œuvre dans leur jury.

La seconde modalité de déroulement de cette réunion des présidents et vice-présidents est toute différente. L'un des présidents de jurys organise le travail de comparaison des résultats de chaque jury. Un premier type de comparaison porte sur les taux d'admis définitifs, d'admis aux oraux et d'ajournés avant les délibérations, pour chaque jury et par rapport à la moyenne de tous les jurys du centre d'examen. Cette comparaison permet de connaître les jurys qui se sont révélés plus sévères ou plus indulgents que les autres lors de la correction des épreuves écrites et de situer globalement chaque jury par rapport à la moyenne académique. Une telle démarche comparative se fonde sur l'affectation aléatoire des candidats par jury qui rend pertinente l'existence d'un « niveau moyen » pour chaque jury. Des écarts non négligeables subsistent tout de même entre les différents jurys d'une même filière.

Ainsi, avant les délibérations, d'après les données recueillies par un vice-président, le jury n° 7 du centre d'examen X, se caractérisait par un pourcentage élevé d'ajournés dès le premier groupe d'épreuves (18 % d'ajournés à comparer à une moyenne académique de 14 %). Inversement, le jury n° 8 se caractérisait par un pourcentage faible d'ajournés (8 %). Une étude menée par Noizet sur la dispersion des pourcentages d'admis et d'ajournés selon les jurys indique que cette dispersion était plus marquée dans les années 1960 (Noizet, 1961), c'est-à-dire avant la mise en place des commissions d'harmonisation, des permanences téléphoniques et d'un service minitel qui confirment ainsi leur influence normalisatrice sur les comportements de correction des professeurs.

Ces comparaisons inter-jurys ont pour objet d'inciter les membres d'un jury « sévère » à repêcher plus facilement des candidats théoriquement ajournés avant les délibérations (cas du jury n° 7 précité). La politique de rachat des candidats serait plus restrictive dans le cas inverse (cas du jury n° 8). Les entretiens menés auprès des professeurs indiquent que ces réunions des présidents et vice présidents de jury ont globalement des effets limités. Ici, pour que quelques mentions « assez bien » ou « bien » supplémentaires soient attribuées, les membres du jury ont ajouté 3 à 4 points ou plus à tel candidat jugé « méritant » ; là, le nombre de points accordés pour l'obtention de la même mention n'a pas dépassé deux points, voire un point. La même diversité des règles internes de décisions à chaque jury s'observe pour l'admission définitive dès le premier groupe d'épreuves et pour l'ajournement définitif (pour les candidats s'approchant de la barre des 8/20 leur permettant de se présenter aux oraux de rattrapage). Des candidats ayant 9,7/20 sont rattrapés et admis après délibérations ; d'autres candidats, ayant 9,8/20, devront se présenter au second groupe d'épreuves et sont parfois finalement ajournés après les oraux. Ces différences de traitement sont rapportées – et dénoncées – par plusieurs professeurs interrogés et prennent la forme de l'opposition classique du jury qui « saque » ou du jury plutôt « coulant ».

Un second type d'informations réunies au cours de cette réunion des présidents et vice-présidents du jury est constitué par la comparaison des moyennes données pour chaque discipline et dans chaque jury. Dans aucun des jurys pour lesquels nous avons pu recueillir des relevés de moyennes par jury et par discipline, les candidats d'un jury donné n'ont, de façon systématique, quelle que soit la discipline considérée, des moyennes de notes supérieures ou inférieures aux candidats d'un autre jury. Autrement dit, les membres d'un jury ne sont pas, quelle que soit la discipline, globalement plus sévères ou indulgents que tels ou tels autres jurys ou bien les élèves globalement plus faibles ou plus forts.

La proximité des moyennes des correcteurs de chaque jury entre huit et neuf en philosophie, à l'écrit de français ou dans d'autres disciplines, recouvre cependant plusieurs significations. En raison de l'affectation aléatoire des lycéens dans les jurys, les notes moyennes par discipline et la distribution de celles-ci doivent être comparables quel que soit le jury. Mais l'existence d'un niveau moyen des candidats comparable dans chaque jury manifeste aussi la conformité des correcteurs à des règles d'évaluation plus ou moins implicites impliquant une moyenne située entre 8 et 9. En fait, la proximité des moyennes des examinateurs de chaque jury est tout aussi bien la démonstration d'une distribution aléatoire des candidats par jury que l'effet d'une *self-fulfilling prophecy* (anticipation autoréalisatrice) produit notamment par les commissions d'entente et les instances de contrôle d'application des règles (« L'inspecteur nous a dit, qu'à l'écrit, il faut viser le 10 de moyenne ») (professeur agrégé de lettres). De même, depuis une petite dizaine d'années, l'inspection générale de philosophie, avec beaucoup de constance et un certain succès, a cherché à faire remonter la note moyenne des correcteurs qui tournait par tradition autour de 8/20.

Bien que les candidats soient répartis de façon aléatoire dans les jurys, certains correcteurs ont cependant des moyennes sensiblement plus faibles que les autres. Quelques professeurs, particulièrement soucieux de la justice scolaire, parviennent à identifier ces correcteurs particulièrement sévères à partir des notes attribuées à leurs élèves :

> « J'ai fait des petites observations. Mes élèves étaient dans trois jurys, il y en avait entre 11 ou 12 par jury, répartition très rigoureuse... ils doivent avoir des logiciels de tri assez performants au Rectorat. Bref, mon idée, c'était de faire pour chaque jury et pour chaque élève, l'écart entre sa note du bac et sa moyenne annuelle, donc c'était note du bac moins moyenne annuelle et d'additionner le tout. Alors, dans deux jurys sur trois quand j'additionnais tout ça, j'arrivais à zéro : il y avait autant de points au-dessus qu'au-dessous de la moyenne annuelle. Dans le troisième jury, ils étaient tous en dessous sans exception. J'en conclus que ce jury ne notait pas comme les autres. Quand je dis en dessous, 2,2 points de moyenne en dessous ! C'est considérable ! » (professeur agrégé de mathématiques).

La réunion des présidents et vice-présidents devrait avoir pour objet de repérer les jurys et les disciplines dans lesquels la sévérité a été plus grande afin, au moment des premières délibérations, que les décisions de rattrapage et d'admission contrebalancent la sévérité dont certains candidats ont été l'objet. Si certains examinateurs acceptent que les résultats de leur jury soient comparés à d'autres et de tenir compte de cette comparaison lors des premières délibérations d'admission, cette démarche est parfois explicitement refusée au nom de la spécificité des candidats affectés au jury en considérant que ceux-ci sont réellement plus faibles. La souveraineté des décisions du jury est alors opposée aux comparaisons statistiques inter-jurys qui montrent une sévérité plus grande de certains correcteurs dans certains jurys.

Les délibérations des jurys

En raison de l'impossible existence d'un cadre réglementaire précisant les solutions à apporter à l'ensemble des cas litigieux, les membres des jurys, à partir des situations concrètes, établissent des règles de décision internes et généralement une jurisprudence de leurs décisions en ayant recours au vote en l'absence d'accord. La mise en œuvre de cette justice scolaire nécessite de définir des profils de candidats « rachetés » ou ajournés définitivement et de se mettre d'accord sur un total de points à partir duquel les candidats sont rachetés. Au cas par cas, la barre de points est fixée par chaque jury en respectant plus ou moins des règles informelles fixées par l'habitude des examinateurs.

Les différences de traitement entre les candidats s'expliquent, de façon sensible, par l'influence du président du jury (ou du vice-président si le président est nommé sur deux jurys et cède la présidence d'un des jurys au vice-président). L'influence du président du jury tient à l'interprétation qu'il se fait de son rôle, à son adhésion à l'objectif ministériel d'augmentation du nombre de bacheliers, au pouvoir de décision ou d'influence qu'il s'accorde, aux rôles que les autres membres du jury souhaitent lui voir tenir et tenir eux-mêmes. La décision finale de rachat ou de non rachat dépend aussi, de façon essentielle, de la manière de rendre compte du livret par le président du jury, en raison des informations qu'il juge pertinentes de communiquer à l'ensemble des correcteurs et de celles qu'il juge inutiles de présenter. Comme l'indique un membre de jury : « Celui qui lit le livret dirige un peu les opérations » (professeur de philosophie).

Outre les informations globales éventuellement recueillies au cours de la réunion des présidents et vice-présidents, les décisions des membres du jury sont orientées, tout particulièrement, par l'honorabilité du livret scolaire du candidat et la cote de son établissement.

L'honorabilité du livret scolaire du candidat

La réglementation est sur ce point très explicite et ancienne. Le livret scolaire est une des innovations essentielles du décret du 8 août 1890.

> « Il [le livret] était depuis longtemps réclamé par les corps enseignants et par l'opinion publique. Étant donné ce qu'est, ce que doit être le baccalauréat, on ne comprend pas que l'élève ne puisse pas apporter à ses juges le témoignage de ses maîtres, la constatation de ses succès ou de son travail. Déjà plusieurs facultés

l'avaient senti, et, à défaut d'un livret régulier, elles accueillaient, provoquaient même tous les renseignements de nature à éclairer les jurys sur la valeur des candidats (...). Les livrets produits par les candidats au moment de leur inscription et annexés ensuite à leurs compositions doivent être examinés par les jurys » (Piobetta, 1937, 555).

Plus d'un siècle après, cette réglementation relative au livret scolaire n'a guère été modifiée. L'importance du livret scolaire a toujours été rappelée et maintenue. La réglementation indique avec constance que les jurys doivent user du pouvoir qui leur est conféré de faire sans réticence usage du livret. Il est dans l'esprit des textes qu'un jury puisse manifester à un candidat jugé favorablement par ses professeurs une bienveillance refusée à un autre candidat qui a obtenu une meilleure note au baccalauréat mais dont le livret scolaire est peu satisfaisant.

Le bon livret, tout comme le mauvais livret, produit potentiellement un double effet. Au moment des oraux de rattrapage, l'examinateur doit réglementairement consulter le livret scolaire, et les informations que celui-ci contient influencent parfois de façon sensible la notation de l'oral (cf. développement antérieur). Au moment des délibérations, la réglementation précise qu'aucun candidat ayant fourni un livret scolaire ne peut être ajourné sans que le jury n'ait examiné celui-ci. La lecture publique du livret auprès des membres du jury renforce généralement l'effet produit lors des oraux : à « l'indulgence » ou à la sévérité individuelle de l'examinateur favorisée par le livret scolaire du candidat lors de l'oral, s'ajoute une indulgence ou une sévérité collective. La lecture d'un livret scolaire constitue parfois la preuve, pour les membres du jury, de l'indignité scolaire patente du candidat. En ce sens, la consultation du livret doit être comprise comme un « test de validité » des épreuves du baccalauréat qui assure la cohérence des jugements professoraux. Dans le cas de livret scolaire dit « détestable », le « rachat » est exceptionnel même si le candidat est très près – à un ou deux points – de la barre d'admission.

Outre les moyennes trimestrielles et annuelles de l'élève et de sa classe, les membres du jury accordent de l'importance aux appréciations littérales portées sur l'élève. De mauvaises appréciations, telles celles qui suivent, orientent grandement les décisions des membres du jury.

— Philosophie : « Le temps qui passe ne meurt jamais sans se venger » (moyenne annuelle de l'élève : 4,1/20, classe 9/20).

— Langue vivante I : « Bonne humeur, pas trop de travail, la belle vie ! ! » (moyenne annuelle : 7,6/20 ; classe : 10/20).

— Mathématiques : « Résultats et travail très insuffisants » (moyenne annuelle : 6/20, classe : 10,1/20).
— Histoire et géographie : « Peu de travail durant cette année scolaire » (moyenne annuelle : 7,5/20, classe : 9,5/20).

Plus souvent, les informations présentées dans le livret scolaire conjuguent « bonne volonté » des candidats – « travail sérieux », « élève motivé(e) »... – et résultats jugés « faibles » ou « très moyens ». Le verdict des membres du jury est alors déterminé par le poids respectif qu'ils accordent collectivement à ce qui est défini comme une compétence disciplinaire (les notes de l'élève) et ce qui ressortit à une compétence de comportement, tout particulièrement la bonne volonté. La décision du jury est alors le produit d'un compromis local, souvent discuté, parfois instable.

La clarté, toute administrative, de la réglementation – « Tel jury peut (...) manifester à un candidat jugé favorablement par ses maîtres une bienveillance refusée à un autre candidat qui a obtenu une meilleure note mais dont le livret scolaire est peu satisfaisant » – repose sur l'hypothèse, en partie fictive, d'un marché des jugements professoraux caractérisé par la transparence et la comparabilité des jugements. Mais « un candidat jugé favorablement par ses maîtres » peut apparaître, pour les examinateurs du bac, avoir été jugé trop favorablement par ses enseignants eu égard à ses prestations écrites et orales. Les membres du jury, à l'image des examinateurs de l'oral qu'ils sont aussi, sont plus ou moins sensibles au dopage évaluatif qui serait propre à un élève en particulier, à la cote scolaire de l'établissement d'origine du candidat, ou aux mentions délivrées inconsidérément aux élèves. Certains conseils de classe paraissent « laxistes » (aucune mention « doit faire ses preuves » n'est attribuée), d'autres sévères (une majorité d'élèves « doit faire ses preuves »).

La cote de l'établissement d'origine du candidat

Les délibérations des jurys contiennent parfois une sorte de délibération interne sur le crédit qu'il faut donner à tel ou tel livret scolaire. De façon classique, les livrets scolaires des candidats du CNED (Centre national d'enseignement à distance) font l'objet de suspicion. Certains professeurs interrogés mentionnent que les conditions de travail de ces élèves étant différentes, il n'est pas possible de considérer leur livret scolaire de la même façon. Il est parfois fait allusion au fait que ces élèves travaillant chez eux disposent, quand ils font leurs devoirs écrits, d'une documentation ou d'une aide ne permettant pas de juger de leurs véritables compétences scolaires. Implicitement ou explicitement, la valeur du livret scolaire d'un candidat du CNED fait souvent l'objet d'une révision à la baisse. La discrimination dont ces livrets peuvent faire l'objet est assez connue pour que la réglementation ait rappelé depuis longtemps qu'une telle discrimination n'a pas lieu d'être. « Les livrets scolaires des élèves du Centre national de télé-enseignement (CNED désormais) doivent être examinés comme ceux des autres candidats » (circulaire du 8 mai 1963).

Les propos recueillis auprès des enseignants indiquent que ce rappel réglementaire a un effet limité. L'élève du CNED, en raison de son statut marginal, hors des murs d'un lycée, est parfois suspecté, de façon indirecte, d'une certaine déviance scolaire. Encore que face à cette situation de marginalité scolaire de ces candidats spécifiques, certains professeurs estiment qu'il s'agit d'élèves méritants et qu'il faut au contraire être plus « généreux », ou du moins considérer ces élèves comme les autres candidats. La façon dont il faut considérer les livrets scolaires des candidats inscrits au CNED révèle la question du statut plus ou moins honorable du livret scolaire, et à travers celui-ci de l'établissement qui délivre le livret.

> « Je pense que c'est une bonne chose (le livret scolaire). On doit tenir compte si l'élève a vraiment un bon livret scolaire. Il vaut mieux racheter ceux qui ont un bon livret scolaire, mais c'est difficile effectivement étant donné la disparité des établissements d'origine » (professeur certifié de physique).

> « Il existe encore des jurys où on indique l'établissement du candidat, ce qui est quand même troublant. Je crois que, quand il le fait (le président du jury), c'est avec les meilleures intentions. On sait bien qu'il y a des établissements très laxistes et d'autres très sévères. Un avis favorable venant de X a beaucoup plus de valeur qu'un avis favorable venant d'ailleurs. C'est ça la justification. En fait, derrière tout ça, il y a l'image aussi d'un établissement, donc de son public. Le jury réagit en remontant volontiers un élève venant d'un établissement coté – c'est toujours pareil, ça joue sur les marges, sur les gens qui sont tangents –, et est beaucoup plus sévère pour un élève qui vient d'un lycée périphérique. Ce sont des observations. Dans le jury X quelqu'un qui vient de C... (lycée coté) on lui donne ses 10 points, quelqu'un qui vient de B... » (lycée périphérique) n'aura pas ses 3 points à mention égale « (professeur de mathématiques, examinateur en terminale S, lycée périphérique).

L'extrait est révélateur de la difficulté rencontrée par les membres des jurys. D'une part, l'existence d'une différence entre établissements « très laxistes » et « très sévères » est affirmée et cette différence semble être attestée, d'ailleurs, par des proportions de candidats ayant la mention « doit faire ses preuves », sensiblement différentes selon les établissements. D'autre part, est contestée la discrimination pouvant exister entre les candidats selon leur lycée d'origine au moment des délibérations, puisque des candidats dans des situations *a priori* « comparables » (même mention au troisième trimestre, même total de points environ au bac) ne sont pas traités de façon égale alors même que les conditions d'une comparaison des candidats ont été antérieurement invalidées en raison de l'existence « d'établissements très laxistes et d'autres très sévères ».

Le trouble de l'examinateur tient à l'impossibilité de passer du constat de ce qui lui semble relever d'un « dopage » collectif des appréciations des candidats d'un établissement donné – c'est-à-dire d'appréciations professorales non totalement justifiées – à une discrimination individuelle au baccalauréat qui laisse supposer qu'il existe deux poids deux mesures selon que le candidat appartient à un lycée coté ou périphérique. Les membres du jury sont donc amenés à résoudre une difficulté logique quasi insurmontable : pour juger tel ou tel candidat en tenant compte de son livret scolaire, il leur faut porter un jugement sur le crédit qu'il faut accorder aux juges de l'élève, c'est-à-dire à suspecter éventuellement la compétence des juges qu'ils sont pourtant eux-mêmes.

Le jugement, par les membres du jury, de la crédibilité du livret scolaire du candidat ne peut pas être totalement et objectivement fondé, et les examinateurs le perçoivent parfois nettement.

> « On peut se poser, c'est vrai, des questions sur des moyennes de classe ou des appréciations très favorables, favorables, etc. Et ça joue dans les deux sens, soit il y a des boîtes qui sur-notent, soit il y a des boîtes qui sous-estiment leurs propres élèves (...) Parfois on se pose des questions. Mais en ce qui concerne les boîtes qui sur-notent, tout dépend de la politique qui a été menée avant, du passage de seconde en première et de première en terminale, on peut avoir écrémé beaucoup et avoir des bons élèves, mais ça ce sont des informations que l'on n'a pas toujours, ce sont simplement des bruits, ou de la réputation » (professeur certifié d'histoire).

Certes, l'absence de candidats ayant la mention « doit faire ses preuves », ou la faible représentation de cette mention, fait naître le soupçon, mais celui-ci est toujours dépendant de l'image de l'établissement qui favorise plus ou moins la légitimité du soupçon auprès des membres du jury. Le palmarès des lycées, tel qu'il est fréquemment publié dans certains hebdomadaires, est un élément de cette réputation, de ces bruits, qui rendent crédibles et légitimes le rachat d'un élève un peu juste provenant d'un lycée d'excellence et contestable le rachat d'un élève de lycée périphérique.

Que montre finalement l'étude des modalités de décision des membres des jurys ? Pour une bonne part des candidats qui passent les oraux de rattrapage, c'est-à-dire proches de la barre d'admission, l'impossibilité d'un jugement portant strictement sur leur compétence scolaire établie de façon anonyme, nécessite le recours à d'autres critères d'appréciations. Ce que les juges précédents du candidat ont pu dire de lui, principalement au cours de l'année de terminale, constitue généralement une vérité scolaire acceptable et favorise, selon son livret, l'admission ou l'ajournement au baccalauréat.

Les décisions des membres du jury fondées, dans l'acception commune, sur la compétence scolaire, reposent en définitive, pour les candidats qui font l'objet de délibérations spécifiques, non pas tant sur une mesure des compétences disciplinaires qui ne permet pas, en l'occurrence, la décision, mais sur la crédibilité de la décision prise, sur son caractère peu contestable et vraisemblablement juste puisque s'appuyant sur les jugements antérieurement portés sur l'élève, voire sur la crédibilité de son établissement d'origine. À l'écrit, à l'oral et au cours des délibérations des jurys, il existe tout un ensemble de normes et de pratiques d'évaluation des candidats qui s'enchevêtrent entre elles et constituent un processus de fabrication et de désignation des lycéens jugés dignes ou indignes du grade de bacheliers.

Concernant le déroulement des épreuves du bac, il faut se garder, à la moindre protestation publique, de plébisciter les systèmes étrangers dans lesquels le contrôle continu assure une place plus substantielle (*Abitur* Allemand, *selectividad* espagnol, VWO néerlandais) alors même que les règles ordinaires autorisant une comparaison internationale ne sont pas respectées (pourcentage de reçus à chacun de ces examens, part de la classe d'âge concernée, possibilité ou non d'entrée directement à l'université).

Les condamnations ordinaires du baccalauréat français méconnaissent généralement la recherche de justice scolaire au fondement de la complexité des procédures et, surtout, l'introduction manifeste du contrôle continu par la consultation du livret scolaire au cours des oraux de rattrapage et des délibérations des jurys. Les « incidents » relatifs au déroulement habituel du bac, déplorés par les professeurs, parents, lycéens ou journalistes disparaîtraient avec le contrôle continu. Les professeurs de classe terminale constitueraient un collectif de juges infaillible puisque les élèves ne profiteraient pas d'une seconde évaluation de leurs compétences dans le cadre d'un examen anonyme. La suppression des incidents ne prouverait pas la disparition de l'inégalité de traitement mais l'impossibilité de la connaître. C'est tout différent. Le modèle du juge unique est comparable, *mutatis mutandis,* à la presse unique des régimes autoritaires. Faute de pouvoir être écrite, communiquée à tous, l'injustice serait réduite à un sentiment personnel, une opinion honteuse. Avec l'instauration d'un contrôle continu, le « bruit », la « réputation » tiendrait lieu encore davantage, et de façon bien aléatoire, de garantie de sérieux et de niveau scolaire des candidats.

La procédure actuelle d'obtention du premier grade universitaire repose sur une double évaluation des candidats d'une part pendant l'année et d'autre part lors des épreuves du baccalauréat dont la dimension nationale permet une évaluation des candidats indépendante des contingences locales. Ne répondant plus aux mêmes exigences d'équité, l'obtention d'un baccalauréat fondé uniquement sur le contrôle continu ne pourrait permettre, sans examens supplémentaires, l'accès à l'université (Prost, 1985).

La principale raison qui justifie le maintien des épreuves anonymes du baccalauréat tient à ce qu'il garantit aux candidats une équité supérieure à celle offerte par le contrôle continu. Ce résultat a été indiscutablement montré par Oget (1999) dans une étude statistique très fouillée. Oget a comparé l'obtention du baccalauréat des élèves dans deux situations différentes : le contrôle continu et les épreuves anonymes actuelles. La comparaison est édifiante. Avec le contrôle continu, les filles, les enfants de cadres supérieurs et les élèves sans retard scolaire, sont plus souvent reçus. Ce résultat de recherche confirme une nouvelle fois l'existence des biais de notation. Grâce aux épreuves anonymes actuelles, la sélection des candidats est marquée par davantage de justice. L'anonymat des épreuves protège les candidats d'origine populaire, les garçons et les élèves en retard des stéréotypes scolaires négatifs qui les défavorisent et aboutissent à les sous-noter pendant l'année.

Conclusion

Contrairement à une idée assez communément répandue, la notation, pendant l'année et au bac, ne résulte pas de l'application automatique de critères de compétences strictement codifiés ou de grilles d'évaluation standardisées. L'évaluation des élèves et des candidats résulte d'un processus de fabrication complexe encadré par une réglementation qui s'est progressivement étoffée afin de tenir compte des problèmes de justice soulevés par la notation des élèves.

Pendant l'année, les appréciations professorales sont profondément façonnées par des contextes scolaires divers. Ceux-ci produisent des arrangements sur les notes qui varient selon le niveau d'études (de la sixième à la terminale), le type d'établissement, la section, la discipline et les caractéristiques sociodémographiques des élèves (âge, sexe, origine sociale). Les arrangements sur les notes, liés à des considérations externes à la classe et internes à celle-ci, sont également influencés par l'individualisation de la relation maître-élèves.

L'individualisation des arrangements sur les notes se construit, dès le début de l'année, par le recours à une fiche de renseignements sur l'élève et, pendant l'année, dans le quotidien des interactions entre les élèves et le maître. La fabrication de la note est indissociable d'une relation de face à face inter-individuelle : tel ou tel jugement résulte d'une rencontre plus ou moins heureuse de tel maître et de tel élève. Mais une telle perspective est à replacer dans des contextes sociaux spécifiques. La capacité des élèves à trouver la « bonne distance » en classe et à l'égard de leurs professeurs est notamment en rapport avec leur genre et leur origine sociale.

Les arrangements sur les notes élaborés par les professeurs dans le quotidien de leurs classes contribuent à définir des situations concrètes d'apprentissage. Il s'agit à la fois d'éviter l'agitation de quelques-uns, d'encourager les « bons éléments » et de faire en sorte que le rapport à l'école, au maître et aux savoirs soit accessible à chacun à l'intérieur de la classe. La notation a certes pour objet de sélectionner les élèves mais, de façon concomitante, elle participe à l'organisation de l'activité scolaire, à la définition de la place occupée par chacun, y compris à l'enseignant lui-même. Comme l'indiquait E. Durkheim (1992, 89) « une classe (...) est un petite société, et il ne faut pas la conduire comme si elle n'était qu'une simple agglomération de sujets indépendants les uns des autres. »

Les épreuves du baccalauréat constituent un exemple typique d'arrangement collectif. Pendant les délibérations du jury, les professeurs réalisent des arbitrages entre des évaluations scolaires éventuellement divergentes (quelle importance relative faut-il accorder au livret scolaire, aux écrits du baccalauréat et à la prestation orale ?). Ces arbitrages sont instables, prennent en compte des rapports de force inter-disciplinaires et sont dépendants de l'élaboration de règles internes qui s'ajoutent aux Instructions officielles. Ces instructions orientent le processus de décision mais leur généralité ne permet guère de traiter l'ensemble des cas spécifiques. Le sens des délibérations est de surmonter les évaluations divergentes et d'élaborer un *modus vivendi* qui satisfait les différentes parties prenantes. L'acceptation de la règle de la majorité permet en dernier ressort de trancher les litiges non résolus par la négociation. Les décisions prises intègrent, outre les prestations écrites et orales, l'histoire scolaire des candidats et les rapports spécifiques que les examinateurs entretiennent avec la sélection scolaire.

Des contextes scolaires ou politiques exceptionnels aboutissent parfois à des taux d'admission particulièrement élevés. Il en a été ainsi lors de la session de 1968. Il n'existe pas de raison de se désoler *a priori,* et même *a posteriori,* de telles fluctuations à la hausse. Presque quarante années après la session de 1968, la comparaison des statuts socioprofessionnels des candidats reçus en 1968 avec les bacheliers des sessions directement précédentes ou ultérieures, montre que l'indulgence de la sélection en 1968 a favorisé des inscriptions à l'université plus nombreuses, davantage de diplômés et un accès plus fréquent à des emplois qualifiés. Au final, au cours de leur activité professionnelle, les candidats du baccalauréat de 1968 ont bénéficié d'un revenu moyen supérieur (Maurin et McNally, 2005).

Cette recherche montre, de façon indiscutable, l'effet du contexte sur les processus de fabrication de la note et les résultats des examens. Elle pose de manière directe la question de l'équité des générations entre elles, tout comme l'étude de l'organisation du baccalauréat et des décisions du jury posent la question de l'équité des candidats entre eux.

Au nom du principe juridique d'égalité de traitement, il serait souhaitable que la souveraineté des jurys du baccalauréat soit tempérée par des comparaisons inter-jurys et que davantage des règles communes encadrent les décisions d'ajournement définitif des candidats. De même, dans le quotidien de la classe, les échanges de copies entre les enseignants, la mise en place d'examens blancs et l'élaboration collective de sujets contribueraient à une fabrication de normes d'évaluation plus consensuelles pour le plus grand bénéfice des élèves et des professeurs.

BIBLIOGRAPHIE

ANTIBI André (2003), *La constante macabre ou comment a-t-on découragé des générations d'élèves*, Math'Adore.

AYMES Jean (1979), Une expérience de multi-correction, *Bulletin de l'Association des professeurs de mathématiques de l'enseignement public*, 321, 789-797.

BAJOIT Guy (1988), Exit, voice, loyalty... and apathy, *Revue française de sociologie*, XXIX, 2, 325-345.

BALLION Robert (1986), Le choix du collège : le comportement « éclairé » des familles, *Revue française de sociologie*, XXVII, 4, 719-734.

BARRE-DE-MINIAC Christine (1985), *Professeurs, élèves, parents face à l'évaluation*, Collection rapports de recherche, INRP.

BARRÈRE Anne (1997), *Les lycéens au travail*, PUF.

BARRÈRE Anne (2002), *Les enseignants au travail*, L'Harmattan.

BAUDELOT Christian, ESTABLET Roger (1971), *L'école capitaliste en France*, Paris, Maspero.

BAUDELOT Christian, ESTABLET Roger (1992), *Allez les filles* !, Paris, Le Seuil.

BEAUD Stéphane, WEBER Florence (1992), Des professeurs et leurs métiers face à la démocratisation des lycées, *Critiques sociales*, 3-4, 59-122.

BECKER Howard (1985), *Outsiders. Études de sociologie de la déviance*, Paris, Flammarion (1re éd., 1963).

BERNSTEIN Basil (1975), *Langage et classes sociales*, Paris, Minuit.

BERTHELOT Jean-Michel (1993), *École, orientation, société*, Paris, PUF.

BHROLCHAIN N., CHAPPELL R., DIAMOND I. (1994), Scolarité et autres caractéristiques sociodémographiques des enfants de mariages rompus, *Population*, 6, 1585-1612.

BOURDIEU Pierre, PASSERON Jean-Claude (1964), *Les héritiers, les étudiants et la culture*, Paris, Minuit.

BOURDIEU Pierre, PASSERON Jean-Claude (1968), L'examen d'une illusion, *Revue française de sociologie*, IX, 227-253.

BOURDIEU Pierre, PASSERON Jean-Claude (1970), *La Reproduction*, Paris, Minuit.

BOURDIEU Pierre, SAINT MARTIN Monique (1975), Les catégories de l'entendement professoral, *Actes de la recherche en sciences sociales*, 3, 68-93.

BOUDON Raymond (1973), *L'inégalité des chances. La mobilité sociale dans les sociétés industrielles,* Paris, Colin.

BOURGEOIS Jean-Pierre (1983), Comment les instituteurs perçoivent l'échec scolaire, *Revue française de pédagogie,* 62, 27-39.

BOUVERESSE Jacques, DERRIDA Jacques (1989), *Rapport de la commission de philosophie et d'épistémologie, in* Jacques Derrida (1990), *Du droit à la philosophie,* Galilée.

BRESSOUX Pascal, PANSU Pascal (2003), *Quand les enseignants jugent leurs élèves,* Paris, PUF.

BROPHY J.-E, GOOD T.-L. (1970), Teacher's communication of differential expectations for chilfdren's classeroon performance : som behavioral data, *Journal of Éducational Psychology,* 61, 365-374.

BROCCOLICHI Sylvain, ZANTEN Agnès van (1997), Espace de concurrence et circuits de scolarisation. L'évidement des collèges publics d'un district de la banlieue parisienne, *Les annales de la recherche urbaine,* 75, 5-17.

BRIAND Jean-Pierre, CHAPOULIE Jean-Marie (1992), *Les collèges du peuple,* Paris, ENS/CNRS/ENS.

CADENAL François (1954), *Mémento de pédagogie pratique,* Magnard.

CAILLE Jean-Paul (1992), Les parents d'élèves de collège et les études de leur enfant : attentes et degré d'implication, *Éducation et formation,* 32, 15-23.

CAILLE Jean-Paul (1993), Vie quotidienne des élèves et difficultés scolaires au collège, *Éducation et formation,* 36, 55-64.

CAVERNI Jean-Paul, FABRE Jean-Marc, NOIZET Gérard (1975), Dépendances des évaluations scolaires par rapport à des évaluations antérieures, *Le travail humain,* 38, 213-222.

CHARLOT Bernard, BAUTIER Elizabeth, ROCHEX Jean-Yves (1992), *École et savoir dans les banlieues... et ailleurs,* Paris, Colin.

CHATEL Élisabeth (1994), Qu'est-ce qu'une note : recherchons la pluralité des modes d'éducation et d'évaluation, *Dossiers Éducation et formation,* 47, 183-200.

CHAUVET J., GENTIL R. (1993), Les représentations liées à l'expression « élève en difficulté », *Éducation et formation,* 36, 13-19.

COLMANT Marc, MULLIEZ Aude (2003), Les élèves de CM2. Premiers résultats d'une évaluation internationale en lecture, *Note d'information,* 22.

DANVERS Francis (1988), Pour une histoire de l'orientation professionnelle, *Histoire de l'éducation,* 37, 3-15.

DEHAENE Stanislas (2003), *La bosse des maths,* Paris, Jacob.

DE LANDSHEERE Gilbert (1980), *Évaluation continue et examen. Précis de docimologie,* Paris, Nathan, Bruxelles, Labor.

DE LANDSHEERE Gilbert, DELCHAMBRE André (1979), *Les comportements non verbaux des enseignants. Comment les maîtres enseignent,* Paris, Nathan.

DEROUET Jean-Louis (1988), Désaccords et arrangements dans les collèges. Éléments pour une sociologie des établissements scolaires, *Revue française de pédagogie,* 83, 5-22.

DEROUET Jean-Louis (1992), *École et justice,* Paris, Métailié.

DESROSIÈRES Alain, THÉVENOT Laurent (2002) *Les catégories socioprofessionnelles,* Paris, La Découverte.

DUBET François (1973), Pour une définition des modes d'adaptation sociale des jeunes à travers la notion de projet, *Revue française de sociologie,* XVI, 221-242.

DUBET François (1991), *Les lycéens,* Paris, Le Seuil.

DURKHEIM Émile (1992), *Éducation et sociologie,* Paris, PUF (1re éd., 1922).

DURU-BELLAT Marie, MINGAT ALAIN (1993), *Pour une approche analytique du fonctionnement du système éducatif,* Paris, PUF.

DURU-BELLAT Marie, LEROY-AUDOIN Christine (1990), Les pratiques pédagogiques au CP, *Revue française de pédagogie,* 93, 5-16.

DURU-BELLAT Marie, ZANTEN Agnès van (1999), *Sociologie de l'école,* Colin.

FELOUZIS Georges (1994), *Le collège au quotidien,* Paris, PUF.

FELOUZIS Georges (1997), *L'efficacité des enseignants. Sociologie de la relation pédagogique,* Paris, PUF.

FELOUZIS Georges (2005), Performances et « valeur ajoutée » des lycées : le marché scolaire fait des différences, *Revue française de sociologie,* 46, n° 1, 3-36.

GERME Jean-François (1983), Le livret ouvrier : mobilité et identification des salariés, *in* Robert Salais et Laurent Thévenot, *Le travail, marchés, règles, conventions,* INSEE, Economica, 357-368.

GILLY Michel, FARIOLI Fabio (1976), Milieu sociofamilial, statut scolaire et représentation de l'élève par le maître à l'école primaire, *Psychologie française,* 21, 3, 159-173.

GISSOT Claude, HÉRAN François, MANON Nathalie (1994), Les efforts éducatifs des familles, *Consommation-modes de vie,* INSEE Résultats.

GOFFMAN Erving (1973), *La mise en scène de la vie quotidienne,* Paris, Minuit.

GOFFMAN Erving (1974), *Les rites d'interaction,* Paris, Minuit.

GOOD T. L. (1987), Two decades of Research on Teacher Expectations : Findings and Future Directions, *Journal of Teacher Education,* 24, 1, 49-54.

GRISAY Aletta (1993), Le fonctionnement des collèges et ses effets sur les élèves de sixième et de cinquième, *Dossiers Éducation et formation,* vol. 32.

GRISAY Aletta (1999), Comment mesurer l'effet des systèmes scolaires sur les inégalités entre élèves ?, *in* D. Meuret (éd.), *La justice du système éducatif,* Bruxelles, De Boeck.

HIRSCHMAN Albert (1972), *Face au déclin des entreprises et des organisations,* Paris, Éd. Ouvrières.

HUTEAU Michel, LAUTREY Jacques (1979), Les origines et la naissance du mouvement d'orientation, *L'orientation scolaire et professionnelle,* 8, 1, 3-43.

ISAMBERT-JAMATI Viviane (1985), Quelques rappels de l'émergence de l'échec scolaire comme « problème social » dans les milieux pédagogiques français, *in* E. Plaisance (Éd.), *« L'échec scolaire » : nouveaux débats, nouvelles approches sociologiques,* Paris, Éd. du CNRS.

KEDDIE Ned (1971), Classeroom Knowledge, *in* M. Young (ed), *Knowledge and Control,* Collier Macmillan LTD, 133-160.

KELLERHALS Jean (1992), Le style éducatif des parents et l'estime de soi des adolescents, *Revue française de sociologie,* XXXIII, 3, 313-333.

KRAMARZ Francis (1991), Déclarer sa profession, *Revue française de sociologie,* XXXII, 1, 3-27.

LAHIRE Bernard (1995), *Tableaux de famille. Heurs et malheurs en milieux populaires,* Paris, EHESS/Gallimard/Le Seuil.

LANDSHEERE Gilbert de, DELCHAMBRE André (1979), *Les comportements non verbaux des enseignants. Comment les maîtres enseignent,* Paris, Nathan.

LAUGIER Henri, WEINBERG Dagmar (1936), *Commission française pour l'enquête Carnegie sur les examens et concours. La correction des épreuves écrites au baccalauréat,* Paris, Maison du livre.

LAVEISSIÈRE Jacques (1981), Les « mal notés » et le juge, *Actualité juridique droit administratif,* 20 mars, 119-127.

LÉGER Alain (1983), *Enseignants du secondaire,* Paris, PUF.

LE BART Christian, MERLE Pierre (1997), *La Citoyenneté étudiante,* Paris, PUF.

LE GUEN Martin (1991), Réussite scolaire et disparités sociodémographiques, *Éducation et formation,* n° 27-28, 9-27.

LEYENS Jean-Pierre (1983), *Sommes-nous tous des psychologues ?,* Bruxelles, Mardaga.

MAURIN Éric, MCNALLY Sandra (2005), *Vive la révolution ! « Les bénéfices à long terme de Mai 68,* La République des idées / Notes, Le Seuil.

MEN (2006), *Repères et références statistiques.*

MERLE Pierre (1993), Quelques aspects du métier d'élève en classe terminale, *Revue française de pédagogie,* 105, 59-69.

MERLE Pierre (1994), L'adhésion des lycéens de terminale C au modèle de l'excellence scolaire, *Sociétés contemporaines,* 16, 7-6.

MERLE Pierre (1996), Prépa, fac, ou IUT ? Position objective, expérience scolaire subjective et souhait d'orientation, *L'Année sociologique,* 46, 475-507.

MERLE Pierre (1998), *Sociologie de l'évaluation scolaire,* Paris, PUF.

MERLE Pierre (2002), *La démocratisation de l'enseignement,* La Découverte.

MERLE Pierre (2003), Enseignement : quelle démocratisation ?, *in* « Les nouvelles fractures sociales », *Cahiers français,* La documentation française, n° 314, 71-77.

MERLE Pierre (2004), Mobilisation et découragement scolaires. L'expérience subjective des élèves, *Éducation et sociétés. Revue internationale de sociologie,* n° 13, 193-208.

MERLE Pierre (2005), *L'élève humilié. L'école : un espace non-droit ?* Paris, PUF.

MERLE Pierre, PIQUÉE Céline (2006), La mobilisation des élèves. Déterminants sociaux ou expérience subjective de l'école ?, *Carrefours de l'éducation,* 22, 95-110.

MERLLIÉ Dominique (1975), Psychologie et mobilité sociale, *Actes de la recherche en sciences sociales,* 3, 87-97.

MERLLIÉ Dominique (1990), Le sexe de l'écriture. Note sur la perception sociale de la féminité, *Actes de la recherche en sciences sociales,* 83, 40-51.

MERTON Robert (1965), *Éléments de théorie et de méthode sociologiques,* Paris, Plon (1re éd., 1949).

MEURET Denis, MORLAIX Sophie (2006), L'influence de l'origine sociale sur les performances scolaires : par où passe-t-elle ?, *Revue française de sociologie,* 47,1, 49-79.

MONTANDON Cléopâtre, PERRENOUD Philippe (1987), *Entre parents et enseignants : un dialogue impossible ?,* Berne, Peter Lang.

MORVAN Yves (2006), *La formation tout au long de la vie. Nouvelles questions, nouvelles perspectives,* Rennes, PUR.

NOIZET Gérard (1961), Étude docimologique sur la correction de l'écrit du baccalauréat, *Bulletin de l'Institut national d'étude du travail et d'orientation professionnelle,* 4, 257-267.

NOIZET Gérard, CAVERNI Jean-Paul (1978), *Psychologie de l'évaluation scolaire,* Paris, PUF.

NOIZET Gérard, CAVERNI Jean-Paul (1985) La notation en classe terminale et au baccalauréat : données monographiques et effets d'intervention expérimentale, *Les sciences de l'éducation, oct.-déc.*

OCDE (2006), *Regards sur l'éducation,* Paris, OCDE.

OGET David (1999), *Efficacité et coûts du baccalauréat général et technologique : quelle alternative à l'organisation des épreuves,* thèse, université de Bourgogne, 408 p. (dir. J.-P. Jarousse).

OGIEN Ruwen (1990), Sanctions diffuses. Sarcasmes, rires, mépris, *Revue française de sociologie,* XXXI, 4, 591-607.

PENEFF Jean (1987), *Écoles publiques, écoles privées dans l'Ouest. 1880-1950,* Paris L'Harmattan.

PENEFF Jean (1993), Le recrutement et l'observation des ouvriers par le patronat. Étude d'un fichier d'entreprise, *Revue française de sociologie,* XXXIV, 4, 557-596.

PÉRIER Pierre (2003), Les actions pédagogiques à la marge. Une perspective interactionniste sur les stratégies des enseignants confrontés à des élèves « difficiles », *Les sciences de l'éducation,* 36, 4, 69-89.

PERRENOUD Philippe (1988), Nouvelles didactiques et stratégies des élèves face au travail scolaire, *in* P. Perrenoud et C. Montandon, *Qui maîtrise l'école ?,* Lausanne, Réalités sociales, 175-195.

PERRENOUD Philippe (1984), *La fabrication de l'excellence scolaire,* Genève, Droz.

PIÉRON Henri (1963), *Examens et docimologie,* Paris, Le Seuil.

PINÇON Michel, PINÇON-CHARLOT Monique (1989), *Dans les beaux quartiers,* Paris, Le Seuil.

PIOBETTA Jean-Baptiste (1937), *Le baccalauréat,* Paris, Éd. Baillière.

PHARO Patrick (1990), Les conditions de légitimité des actions publiques, *Revue française de sociologie,* XXXI, 3, 389-420.

POURTOIS Jean-Pierre (1978), Le niveau d'expectation de l'examinateur est-il influencé par l'appartenance sociale de l'enfant ?, *Revue française de pédagogie,* 44, 34-37.

PROST Alain (1985), *Éloge des pédagogues,* Paris, Le Seuil.

RAYOU Patrick (1998), *La Cité des lycéens,* Paris, L'Harmattan.

RAYOU Patrick, ZANTEN Agnès van (2004), *Enquête sur les nouveaux enseignants,* Paris, Bayard.

ROSENTHAL R. A., JACOBSON L. F. (1968), *Pygmalion in the Classroom. Teachers Expectations and Pupil Intellectual Development,* New York, Holt, Rinehart & Winston. Trad. franç. : (1972), *Pygmalion à l'école,* Paris, Casterman.

SEAVER W. B. (1973), Effects of naturally inclued teacher expectancies, *Journal of Personality and social Psychology,* 28, 333-342.

SIMLER Bernard (1985), *Comportement de notation au baccalauréat. Une étude comparée dans trois Académies : Lille, Nancy, Poitiers,* Étude ronéotypée.

SIMMEL George (1991), *Sociologie et épistémologie,* Paris, PUF, 1991 (1re éd., 1917).

SIROTA Régine (1988), *L'école primaire au quotidien,* Paris, PUF.

TERRAIL Jean-Pierre (1990), *Destins ouvriers. La fin d'une classe ?,* Paris, PUF.

TERRAIL Jean-Pierre (1995), *La dynamique des générations,* Paris, L'Harmattan.

TESTANIÈRE Jacques (1967), Chahut traditionnel et chahut anomique dans l'enseignement du second degré, *Revue française de sociologie,* VIII, 17-33.

TRONCIN Thierry (2005), *Le redoublement : radiographie d'une décision à la recherche de sa légitimité,* thèse en Sciences de l'éducation, Université de Bourgogne, 922 p.
ZANTEN Agnès van (2001), *L'École de la périphérie,* Paris, PUF.
WEBER Max (1971), *Économie et société,* Paris, Plon, 1971 (1re éd., 1922).
WOODS Peter (1990), *L'ethnographie de l'école,* Paris, Colin.
ZIMMERMAN Daniel (1978), Un langage non verbal de classe : les processus d'attraction-répulsion des enseignants à l'égard des élèves en fonction de l'origine sociale de ces derniers, *Revue française de pédagogie,* 44, 46-70.

COLLECTION
ÉDUCATION ET SOCIÉTÉ
dirigée par Agnès van Zanten

Anne BARRÈRE – *Sociologie des chefs d'établissement. Les managers de la République*

Christian MAROY – *École, régulation et marché. Une comparaison de six espaces scolaires locaux en Europe*

Pierre MERLE – *Les notes. Secrets de fabrication*

Denis MEURET – *Gouverner l'école. Une comparaison France/États-Unis*

Maroussia RAVEAUD – *De l'enfant au citoyen*

Imprimé en France
par MD Impressions
73, avenue Ronsard, 41100 Vendôme
Août 2007 — N° 53 901